LA FINANCE
POLITIQUE,
RÉDUITE EN PRINCIPE ET EN PRATIQUE,
POUR SERVIR DE SISTÊME-GÉNÉRAL EN FINANCE.

« Vous ne pouvez pas penser tout, disait un Sultan à ses » Ministres, ne rebutez point ceux qui pensent; il y a » souvent à profiter dans les Projets les plus chimériques : » qu'une basse jalousie ne vous fasse jamais rejetter ce que » d'autres ont pensé : *discerner* le bon & l'*exécuter*, c'est » bien plus que de l'avoir *imaginé* ».

MELON, Essai pol. sur le Commerce, pag. 393.

Par M. GROUBER DE GROUBENTALL, Ecuïer, Avocat au Parlement de Paris.

A PARIS,
Chez GRANGÉ, Imprimeur-Libraire, rue de la Parcheminerie ;
Et L'AUTEUR, rue du Four Saint-Germain, vis-à-vis le Notaire.

M. DCC. LXXV.

AVEC APPROBATION ET PERMISSION.

AVERTISSEMENT NÉCESSAIRE.

L'OUVRAGE qu'on va lire, aurait dû paraître vers la fin d'Octobre; mais voué par état aux occupations les plus graves, je n'ai pu consacrer à cet objet que peu d'instans, & dans des intervalles souvent éloignés; ce qui fait que mes idées n'ont pas autant de liaisons que je le désirerais; & elles en auraient encore bien moins, si elles n'étaient le résultat de plus de quinze années de travail & d'observations sur les différentes parties de l'Administration politique. Au reste, il sera facile de s'appercevoir que c'est ici moins un ouvrage qu'un canevas.

J'AI désiré d'être utile, c'est le seul prix & le seul mérite que j'attache à mon travail; si je réussis dans mon objet, & si je suis assez heureux pour pouvoir contribuer au bonheur de mes Concitoïens, je me croirai bien dédommagé de mes peines. Par cette raison, je recevrai avec la reconnaiſſance la plus ſincere, les obſervations que l'on voudra bien faire ſur mon Ouvrage, pourvu que l'on y mette le ton d'honnêteté, qui m'eſt familier. Les perſonnes qui voudront me faire part de leurs réflexions, pourront me les adreſſer directement franches de port, & l'on peut être aſſuré que je ferai uſage de tout ce qu'on aura mieux vu que moi, je me ferai même un devoir de nommer les perſonnes à qui j'en aurai l'obligation, ſi toutefois elles y conſentent.

COMME en matiere d'Ouvrages qui intéreſſent le Gouvernement, il eſt eſſentiel de prévenir les contrefactions qui peuvent quelquefois être dangereuſes; j'avertis le Public qu'il ne ſera délivré aucun exemplaire de cette premiere Partie, ſans porter ſur la préſente page mon paraphe avec la premiere lettre de mon nom, & que tous ceux qui ne porteront point cette marque diſtinctive, doivent être réputés contrefaits.

TABLE DES MATIERES.

Fin de la Table des Matieres.

APPROBATION.

J'AI lu, par ordre de Monseigneur le Garde des Sceaux, *La Finance Politique, &c.* Je ne crois pas que l'Auteur ait résolu, comme il le pense, le Problême de la meilleure forme de l'Impôt; au surplus *son Ouvrage m'a paru celui d'un Citoïen zélé & aimant le bien;* j'ai cru qu'on pouvait en permettre l'impression. A Paris, ce 1 Décembre 1774.

CADET DE SAINEVILLE.

PRIVILEGE DU ROI.

LOUIS, PAR LA GRACE DE DIEU, ROI DE FRANCE ET DE NAVARRE : A nos amés & féaux Conseillers, les Gens tenans nos Cours de Parlement, &c. SALUT : Notre amé le sieur MARC-FERDINAND GROUBER DE GROUBENTALL, Nous a fait exposer qu'il désireroit faire imprimer & donner au Public un Ouvrage intitulé : *La Finance Politique, réduite en Principe & en Pratique*, s'il Nous plaisoit lui accorder nos Lettres de Permission pour ce nécessaires. A CES CAUSES, voulant favorablement traiter l'Exposant, Nous lui avons permis & permettons par ces Présentes, de faire imprimer ledit Ouvrage autant de fois que bon lui semblera, & de le faire vendre & débiter par-tout notre Royaume, pendant le temps de trois années consécutives, à compter du jour de la date des Présentes. Faisons défenses à tous Imprimeurs, Libraires & autres personnes de quelque qualité & condition qu'elles soient, d'en introduire d'impression étrangere dans aucun lieu de notre obéissance. A la charge que ces Présentes seront enregistrées tout au long sur le registre de la Communauté des Imprimeurs & Libraires de Paris, dans trois mois de la date d'icelles; que l'impression dudit Ouvrage sera faite dans notre Royaume, & non ailleurs, en bon papier & beaux caracteres, & que l'Impétrant se conformera en tout aux réglemens de la Librairie, & notamment à celui du 10 Avril 1725, à peine de déchéance de la présente Permission; qu'avant de l'exposer en vente, le Manuscrit qui aura servi de copie à l'impression dudit Ouvrage, sera remis dans le même état où l'Approbation y aura été données, ès mains de notre très-cher & féal Chevalier, Garde des Sceaux de France, le Sieur HUE DE MIROMESNIL; qu'il en sera ensuite remis deux exemplaires dans notre Bibliotheque publique, un dans celle de notre Château du Louvre, un dans celle de notre très-cher & féal Chevalier Chancelier de France le Sieur DE MAUPEOU, & un dans celle dudit Sieur HUE DE MIROMESNIL; le tout à peine de nullité des présentes: du contenu desquelles vous mandons & enjoignons de faire jouir ledit Exposant, & ses ayans cause, pleinement & paisiblement, sans souffrir qu'il leur soit fait aucun trouble ou empêchement: voulons qu'à la copie des Présentes qui sera imprimée tout au long, au commencement ou à la fin dudit Ouvrage, foi soit ajoutée comme à l'original. Commandons au premier notre Huissier ou Sergent sur ce requis, de faire pour l'exécution d'icelles, tous actes requis & nécessaires, sans demander autre permission, & nonobstant clameur de Haro, Charte Normande, & lettres à ce contraires: CAR tel est notre plaisir. DONNÉ à Paris, le quatorzieme jour du mois de Décembre, l'an de grace mil sept cent soixante & quatorze, & de notre regne le premier.

Par le Roi en son Conseil.

LE BEGUE.

REGISTRÉ sur le Registre XIX de la Chambre Royale & Syndicale des Libraires & Imprimeurs de Paris, N° 46, fol. 346, conformément au Réglement de 1723, qui fait défenses, article IV, à toutes personnes de quelque qualité & condition qu'elles soient, autres que les Libraires & Imprimeurs, de vendre, faire débiter, afficher aucuns livres pour les vendre en leurs noms, soit qu'ils s'en disent les Auteurs ou autrement, & à la charge de fournir à la susdite Chambre huit exemplaires, prescrits par l'article 108 du même Réglement. A Paris, ce 16 Décembre 1774.

HUMBLOT, *Adjoint.*

LA

LA FINANCE POLITIQUE *RÉDUITE* EN PRINCIPE ET EN PRATIQUE.

UN ſeul Souverain, un ſeul Impôt & une ſeule Loi, (l'on pourrait même ajouter encore une ſeule Meſure & un ſeul Poids); voilà les principales baſes du bonheur public. L'unité d'objets prévient à la fois la multiplicité d'opérations, la confuſion qui en eſt une ſuite, & le déſordre qui en eſt le terme. Ces principes ſont trop connus & trop certains pour avoir beſoin de commentaires ni de preuves.

DEPUIS long-tems l'abus des Finances eſt connu, le remède le ſerait de même ſi l'on avait voulu; mais chacun a crié contre l'abus, ſans pouvoir ou ſans oſer préſenter le remede.

On a toujours déclamé contre les Financiers, mais on a pris la partie pour le tout, & l'on a eu tort. Le vice n'eſt point dans les Financiers, il eſt dans la Finance dont ils ne ſont que l'ombre. En déclamant ainſi contre eux, l'on n'a fait que préſenter le tableau de l'indigence qui cherchait à ſe venger de la fortune; ils ont pris le parti d'en rire, ils ont bien fait.

LA Finance eſt un ancien bâtiment dont les fondations ont de tout tems été défectueuſes; au lieu de reprendre l'édifice en ſous-œuvre, on a toujours conſtruit ſur ſes ruines: voilà l'origine du mal. « L'an 1515 & ſuivantes, » mon fils & moi, diſait la Ducheſſe d'Angou» lême, mère de FRANÇOIS I, fûmes » continuellement dérobés par les gens de » Finances ». Le mal comme on voit n'eſt point nouveau; mais c'était le tems des rapines & des concuſſions, parce qu'alors il n'y avait aucune eſpèce d'ordre établi dans les Finances.

DEPUIS cette époque juſqu'au règne de Louis le Grand, le Roïaume a preſque toujours été un théâtre de diſcorde; de nouveaux orages ſe ſont continuellement oppoſés au retour du calme ſi néceſſaire pour rétablir l'ordre des affaires dans un Etat. Ajoutés encore que dans un Gouvernement toujours faible, toujours ébranlé par de nouvelles secousses, tout était au pouvoir du plus fort, & le plus fort n'était jamais le Roi.

SOUS Henri le Grand, ce Prince si digne du respect & des regrets de la postérité, l'on vit enfin paraître un Ministre des Finances doué d'une ame vertueuse, incorruptible & sévère. Lui seul eût été capable des plus grandes choses, mais il fallait réparer les désordres passés, acquitter des dettes immenses, économiser pour y parvenir, arrêter le cours des déprédations; c'était déja beaucoup que de pouvoir tenir la main sous un règne si chancelant & si orageux. Les circonstances ne permettaient point d'établir une forme nouvelle & un sistême général dans les Finances, l'abus du Gouvernement féodal le permettait encore moins.

SOUS le règne suivant la continuité des troubles de la France, la destruction du pouvoir féodal, les changemens exécutés dans la forme du Gouvernement s'opposaient encore à la formation & à l'exécution d'un sistême général de Finance, parce que cette partie étant par sa nature étroitement liée à toutes les branches de l'Administration Monarchique, il eût fallu un concours heureux & paisible entre toutes les parties, ce qui était alors impraticable.

SOUS le règne de Louis le Grand, il eût été plus facile d'établir un Sistême général de Finance, parce que l'Etat ne fut point déchiré par les divisions intestines qui avaient troublé sous les règnes précédens l'harmonie du Gouvernement & de la Monarchie. Ce règne si fertile en grands hommes dans tous les genres; le fut sur-tout en Ministres; mais la grandeur, la somptuosité du Souverain, son ambition démesurée, sa passion pour la guerre, ne laissaient aux Ministres des Finances que le tems de fournir, par des expédiens toujours nouveaux & souvent ruineux, aux dépenses & aux charges excessives de l'Etat; il y eut pendant la durée de ce règne presqu'autant d'Affaires extraordinaires que de Perceptions réglées.

DANS cette position, le règne suivant ne pouvait pas s'annoncer sous d'heureux auspices; des dettes énormes à remplir, une minorité difficile à maintenir paisible, des expédiens à chercher pour combler le déficit du passé, pour prévenir celui de l'avenir & pour faire face à tout; ensuite des opérations, peut-être bien vues & mal exécutées, qui n'ont fait que donner la secousse la plus dangereuse à l'Etat en général, & bannir entiérement la confiance; des guerres longues & dispendieuses qui n'ont fait qu'ajouter encore à la masse des maux passés & nécessiter de nouvelles opérations de plus en plus ruineuses; en un mot, un concours de circonstances toujours défavorables, n'ont fait que multiplier le vice & l'abus des Finances, au lieu de faciliter les moïens d'y obvier dans la suite.

AUJOURD'HUI les choses en sont au point que le département des Finances est devenu un labirinthe inextricable, d'où il est presque impossible à un Ministre de se tirer, tels talens & telle bonne volonté qu'on lui suppose. En effet, les détails sont actuellement infinis, & le Ministre qui trouve à peine le tems de pouvoir s'y livrer, trouve encore bien moins celui de se livrer au travail du cabinet. Dans cette hipothese, il faut que le Ministre abandonne ou le cabinet pour se livrer au détail, ou le détail pour se livrer au cabinet: or le détail étant toujours l'objet le plus pressant, le reste devient conséquemment impraticable. Le même inconvénient se trouve également dans tous les Départemens de l'Administration;

de ſorte qu'il faudrait dans chacun un Miniſtre pour concevoir, l'autre pour exécuter, ou l'un pour le Cabinet & l'autre pour le Détail.

MAIS aujourd'hui que les vues du Souverain & du Miniſtère n'ont d'autre objet que le bien général, il eſt permis aux Citoïens d'indiquer la route & les moïens qu'ils jugeront capables de combler la gloire du Prince & le bonheur de ſes peuples. Le public eſt donc dans cet inſtant l'artiſan de ſon propre bonheur. C'eſt dans cette circonſtance que vient de paraître le PLAN *d'Impoſition Economique*, ouvrage dont la libre publicité prouve l'empreſſement qu'on a d'opérer la félicité publique. « Le » véritable fruit de l'impreſſion, dit MELON » dans ſon excellent *Eſſai politique ſur le* » *Commerce* *, c'eſt la publicité. L'ouvrage » eſt livré aux obſervations de tous, & quel- » que quantité de mauvaiſes critiques qui » doivent en réſulter, il y en aura de judi- » cieuſes qui développeront & diſtingueront » le bon & le pernicieux du Mémoire ». C'eſt une vérité très-conſtante; la critique doit opérer une lumière dont le Gouvernement doit profiter, & chaque Citoïen eſt intéreſſé à rendre cette lumière plus ſenſible.

* Page 393, édit de 1736.

Mon objet dans cet inſtant n'eſt pas ſeulement de donner des obſervations critiques ſur le Plan *d'Impoſition Economique*, mais encore de préſenter de nouvelles vues & un Siſtême général qui puiſſent remplir l'objet du Gouvernement. Je critiquerai ſans amertume, parce que l'on doit toujours bien accueillir un Citoïen qui, même en ſe trompant, n'a pour objet que le bien général, & ce ſont les vues que l'on doit ſuppoſer à *l'Auteur* du Plan dont il s'agit.

Mais avant d'entrer dans l'expoſé de ma réfutation, il faut établir un principe certain qui doit y ſervir de baſe. Pour former un Siſtême conſéquent en matière politique, il faut d'abord connaître & le génie de la nation à laquelle on le deſtine, & le ſiſtême-général d'adminiſtration du Gouvernement (ou tout au moins le ſiſtême particulier du Département, pour lequel on travaille) ou bien ſe faire un ſiſtême-général à ſoi-même, & ſur-tout en matière de Finance.

En effet, la Finance eſt à l'Etat en général ce que la tête eſt au corps humain; lorſque cette partie du corps eſt malade, le reſte eſt néceſſaire··ent affecté: de même la liaiſon intime qui ſe trouve entre la Finance & les autres branches d'Adminiſtration dont elle eſt le nerf, exige l'accord général de toutes les parties, ſans quoi les opérations que l'on ſe propoſe de faire, ſont autant de pièces de rapport qui diſcordent avec la maſſe. C'eſt en partant de ces principes, que je vais examiner & réfuter le PLAN *d'Impoſition-Economique*, ce ſera la premiere diviſion de cet Ouvrage ; la ſeconde contiendra mon Siſtême Général de Finance.

PREMIERE SECTION.

RÉFUTATION DU *PLAN D'IMPOSITION-ÉCONOMIQUE ET D'ADMINISTRATION DES FINANCES.*

LE titre de cet Ouvrage, qui paraîtrait embraſſer d'abord un Siſtême général de Finance, ne préſente au contraire qu'un ſiſtême très-particulier, fort éloigné de remplir l'étendue de ſon titre ; c'eſt le moindre défaut que l'on puiſſe reprocher à l'Auteur : mais avant d'entrer dans le détail des défauts, il faut préſenter l'analiſe exacte de l'Ouvrage.

L'AUTEUR propoſe la ſuppreſſion totale des Impôts actuels, pour en ſubſtituer uniquement deux ; l'un ſous la dénomination de *Droit de Franchise*, l'autre sous celle de *Taille-réelle*.

IL propose d'abord d'asseoir l'imposition du droit de franchise sur sept millions trois cents quatre-vingt-sept mille contribuables, rangés sous huit classes divisées en vingt-quatre, & qui doivent être graduellement imposés depuis 3 livres chacun jusqu'à 500 livres: pour fixer avec justesse la répartition de cet impôt, l'Auteur prétend qu'il faut avoir un État *approfondi & certifié* de la fortune de chaque Citoïen.

CETTE nouvelle administration doit former une régie, à la tête de laquelle il place les Fermiers-Généraux, pour ne point laisser de vuide dans la Ferme; &, afin de ne point en laisser dans la perception, il offre pour moïen de faire païer aux contribuables un quartier d'avance, à quoi l'Auteur prétend que personne ne se refusera; il laisse en même-tems subsister *le Contrôle des Actes*, *l'Insinuation* & les objets qui forment *la Sous-Ferme des Domaines*, parce qu'il estime ces droits *d'une utilité indispensable pour la sûreté publique.* Suivant les calculs de l'Auteur, le Droit de *Franchise* formerait un revenu annuel de QUATRE CENTS QUATRE-VINGT MILLIONS SEPT CENTS MILLE LIVRES.

L'AUTEUR propose ensuite l'établissement

d'une *Taille-réelle* ſur les Immeubles réels & fictifs, avec cette différence, que les immeubles *réels*, ou biens fonds, ſeraient impoſés à 4 ſols pour livre, ou au cinquieme de leur produit; au lieu que les immeubles *fictifs*, ou contrats de rente, ne ſeraient impoſés qu'à 2 ſols pour livre, ou au dixieme ſeulement de l'intérêt qu'ils produiſent. Dans cette derniere claſſe, il range les biens appartenans aux Gens de Main-morte; il paraît même diſpoſé par la ſuite à les exempter totalement.

POUR aſſeoir ce ſecond impôt & le repartir avec juſteſſe, l'Auteur propoſe quatre moïens; 1°. d'obliger les Propriétaires à donner une déclaration de la valeur de leurs biens, d'eux affirmée véritable, & de repréſenter copie des baux, ſous peine d'amende fixée au quadruple de la valeur qu'on aurait déguiſée; 2°. d'obliger les Greffiers des Eaux & Forêts d'envoïer tous les quinze jours au Receveur de la taille de leur reſſort l'État des bois vendus; 3°. d'obliger les Païeurs des rentes dûes par le Roi, de fournir un État des rentes qu'ils ſont chargés de païer; 4°. enfin d'obliger les Notaires d'envoïer chaque quinzaine au Receveur de la taille du reſſort de chacun un État des contrats de conſtitution qu'ils paſſeraient entre particuliers.

L'AUTEUR entend ſoumetre à la même Taille, ceux qui tiennent des Domaines du Roi à titre d'*Engagement*, & prétend que cette rétribution eſt plus avantageuſe, que de remettre ces Domaines dans la main du Roi. Le produit de cette Taille, d'après la ſpéculation de l'Auteur, ſerait de TROIS CENTS VINGT MILLIONS, & les deux impoſitions réunies formeraient, dit-il, en portant les choſes au plus bas, un revenu de HUIT CENTS QUARANTE-SIX MILLIONS, qui ſurpaſſent de plus de moitié le produit des perceptions actuelles, & dont on pourrait appliquer annuellement le tiers au païement des Dettes.

DE-LA, l'Auteur conclud que le revenu du Roi ſerait *liquide & ſecret*, & que le Miniſtre ſerait ſeul dans le cas d'en connaître le véritable produit.

IL paſſe enſuite à l'exécution de ſon Plan, & charge les Receveurs des tailles en païs d'Election, & les Officiers municipaux des Villes dans les païs d'État, d'aſſeoir & de répartir l'impoſition, avec attribution de 4 den. pour livre aux Collecteurs, & de pareil droit aux Receveurs des tailles. Il établit pour ſa régie trente-quatre Bureaux, dont, un dans chaque Généralité, un à Paris, & un Bureau général, pour l'entretien & les frais desquels il passe encore 4 deniers pour livre.

L'AUTEUR conserve les *Traites-Foraines* ou Douanes, pour percevoir les droits sur les marchandises venant de l'Etranger, & observe que, quoique le droit de franchise qu'il propose soit de 500 livres au plus haut par contribuable, néanmoins on le pourrait encore augmenter à raison de leur fortune, ce qui opérerait un nouveau bénéfice.

ENSUITE comparant la régie des Finances actuelles avec le plan & la régie qu'il propose, l'Auteur expose que sur la perception actuelle il y a 50 pour cent de frais, & que sur celle qu'il propose, il n'y aurait que 10 pour cent. Il fait la comparaison du Sistême actuel avec le sien, sous l'emblême figuré de *deux Colonnes*; l'une minée de toute part & prête à s'écrouler, l'autre entière, inébranlable & florissante.

OUTRE les deux nouvelles impositions & la Sous-ferme des Domaines, l'Auteur laisse encore subsister en faveur du Roi, la Ferme des Postes, la marque d'or, d'argent & des métaux quelconques, & en faveur des Particuliers, les Priviléges dont ils jouissent.

ENFIN l'Auteur remplace la Ferme générale par ſoixante-ſix Régiſſeurs-Généraux & deux Chefs, qui chacun auront annuellement plus de 300,000 livres d'honoraires. Telle eſt exactement la ſubſtance du *PLAN D'IMPOSITION ÉCONOMIQUE* dont je viens de donner l'analiſe : il s'agit maintenant d'en diſcuter les différentes parties, & d'en démontrer l'avantage ou l'inconvénient ; c'eſt ce que je vais faire avec tout le zèle patriotique dont je ſuis pénétré, en reprenant ſéparément chaque objet.

EN général, le Plan dont il s'agit renferme trois défauts très-eſſentiels ; le premier une ignorance totale des principes, ſoit de Finance, ſoit d'Adminiſtration, ce qui doit néceſſairement faire pécher le Siſtême à chaque pas, en ce qu'il ne préſente que des principes ſouvent faux, ou de ſimple ſpéculation ; or, comme l'obſerve très-judicieuſement un ſavant Écrivain : « des principes purement » ſpéculatifs ſont rarement ſûrs, ont encore » plus rarement une application fixe, & tom» bent ſouvent dans le vague des Siſtêmes * ». C'eſt ce que l'ouvrage dont il s'agit juſtifie pleinement.

* Duclos, *Conſidérations ſur les Mœurs*, p. 3, Edit. de 1774.

Le second défaut est un ménagement marqué pour tous ceux qui pourraient avoir quelqu'intérêt de s'opposer à l'exécution de ce Plan, s'il en était susceptible d'ailleurs. Or ce n'est être Citoïen qu'à moitié; mais il faut l'être tout-à-fait ou point du tout. Lorsqu'il s'agit du bien général, aucunes considérations particulieres ne doivent arrêter; autrement, c'est vouloir établir un procédé de justice, sur un principe injuste, ce qui fait nécessairement contraster la conséquence.

Le troisième défaut & le plus considérable, c'est que ce Projet, qui n'a rien moins que le mérite de la nouveauté, n'est qu'une copie défigurée & travestie d'un sistême présenté d'une manière plus raisonnée & plus vraisemblable en 1763, sous le titre de RICHESSES DE L'ETAT, sistême qui néanmoins éprouva dans le tems des réfutations très-sages & très-bien vues. Je pourrais dès-lors me dispenser de réfuter le *Plan économique*, & me contenter de renvoïer aux DOUTES MODESTES *sur la Richesse de l'Etat* *; mais comme l'Auteur du Plan, loin de diminuer les défectuosités de ce sistême de Finance, n'a fait au contraire

* Examen critique de la Richesse de l'Etat, imprimé en 1763.

que les augmenter, & ſubſtituer aux vices de ce projet, des vices encore plus conſidérables, que d'ailleurs ſon Plan peut faire une fauſſe impreſſion ſur des eſprits peu éclairés, il eſt eſſentiel de les déſabuſer & de préſenter des moïens plus ſages. J'entre en matière.

1°. L'AUTEUR propoſe l'établiſſement de deux impôts, le *Droit de Franchiſe* & la *Taille-réelle.* Il réſulterait d'abord de cette opération, que ceux qui n'ont point de biens ne païeraient qu'un impôt, & qu'au contraire ceux qui en ont en païeraient deux, parce que l'un des deux eſt général, & que l'autre eſt particulier; or, à l'aſpect d'une ſemblable opération, tout principe d'égalité diſparaît. En effet, quoique le *Droit de Franchiſe* porte ſur la conſommation, & la *Taille-réelle* ſur les propriétés, il n'en eſt pas moins vrai que la conſommation étant ordinairement en raiſon des fortunes, plutôt qu'en raiſon des beſoins, celui qui paie la plus forte taxe, comme celui qui paie la moindre, le font tous les deux en raiſon de leur fortune: dès-lors, en ſuppoſant cette première impoſition bien répartie, il eſt conſtant que chacun paie ce qu'il doit païer, & dans cette ſuppoſition, il ſubſiſte une égalité parfaite; mais ſi vous ajoutés une ſeconde impoſition ſur les propriétés, les possesseurs qui ont déjà païé le *Droit de franchise* en raison de ces mêmes propriétés, se trouvent païer une seconde taxe qui n'a point d'objet, parce que la premiere porte sur tout ; dès-lors il n'existe plus d'égalité, parce que la proportion si nécessaire entre la contribution & les facultés du Contribuable, se trouve anéantie. Ainsi ce premier objet pèche absolument par la combinaison, & toute combinaison qui ne se réduira point à l'unité d'objet, pèchera de même.

2°. L'AUTEUR divise la répartition du *Droit de franchise* en huit classes subdivisées en vingt-quatre, & présente un tableau de SEPT MILLIONS TROIS CENTS QUATRE-VINGT-SEPT MILLE Contribuables qui seront taxés graduellement depuis un écu jusqu'à 500 liv. ce qui doit produire 480 *millions sept cent mille livres* ; mais de la vie l'on n'a fait de spéculation plus hasardée ni plus fausse. L'Auteur des *Richesses de l'Etat*, beaucoup plus modeste, supposait deux millions de Contribuables, & les divisait en vingt classes, entre lesquelles il établissait une contribution graduelle depuis un écu jusqu'à 750 livres ; mais ici l'exagération est révoltante.

EN effet, comment sur 18 millions d'habitans en

en France, peut-on ſuppoſer plus du tiers de Contribuables, ſur-tout ſi l'on obſerve que les femmes en puiſſance de mari, & les enfans en puiſſance de pere & de mere, ne ſont ſujets à aucune taxe? L'on ne peut réguliérement, en calculant au plus haut, ſuppoſer plus d'un Contribuable ſur quatre individus, &, malgré le nombre des Célibataires des deux ſexes, le calcul eſt encore trop forcé. Mais dans cette hipothèſe, pour former ſept millions trois cents quatre-vingt-ſept mille Contribuables, il faudrait au lieu de *dix-huit*, ſuppoſer *vingt-neuf* millions cinq cents quarante-huit mille individus. Or, en calculant ſur dix-huit millions ſeulement, le quart, ſuppoſé contribuable, ſerait de quatre millions cinq cents mille : la différence eſt donc de deux millions huit cents quatre-vingt-ſept mille, c'eſt-à-dire, d'environ le tiers ſur les Contribuables, & d'environ cent ſoixante millions ſur le produit de la contribution : l'erreur, comme l'on voit, eſt ſenſible, & diminue furieuſement les avantages ſuppoſés du projet.

L'AUTEUR prétend d'un autre côté, que le produit net des revenus du Roi, ne va point à *quatre cents* millions, en cela il a raiſon, puisqu'en 1749, il ne montait pas à deux cents cinquante millions, & qu'actuellement à peine va-t-il à trois cents cinquante : mais il trouve les impôts trop onéreux, & cependant pour soulager le peuple, il double l'Imposition ; ces deux idées sont absolument inconciliables : c'est le reproche qu'on a fait à l'Auteur de *la Richesse de l'Etat*. Je reviendrai encore sur cette observation.

3°. POUR asseoir & répartir avec justesse l'impôt dont il s'agit, l'Auteur propose d'obliger sous des peines pécuniaires chaque citoïen de donner un État approfondi & certifié de sa fortune ; mais ce serait l'inquisition la plus abominable & la plus dangereuse pour le Commerce & l'Agriculture : ce serait dévoiler le secret des familles, troubler leur repos & répandre les plus cruelles allarmes dans tous les ordres de la société ; le bien & la tranquillité publique ne doivent ni ne peuvent éprouver une violation aussi pernicieuse. En cela, l'Auteur du Plan n'a point prévu les conséquences d'un moïen si contraire aux principes constitutifs de l'Administration Monarchique.

4°. POUR ne point laisser de vuide dans la perception, il propose de faire païer aux

Contribuables un quartier d'avance ; mais eſt-il vraiſemblable que le peuple, accablé ſous le poids des impôts actuels, & toujours en retard ſur les païemens, ſoit en état de fournir au Roi par avance, après le païement du courant, *deux cents onze* millions qui font le quart des impôts propoſés ? L'Auteur ne doute pas de l'empreſſement des Contribuables à faire une telle avance ; mais moi, je doute de leurs facultés, & mes doutes ſont plus réels que ſa prétendue certitude. Il ne faut connaître ni les beſoins, ni l'épuiſement du Peuple, pour concevoir un moïen auſſi peu praticable ; mais il faut connaître encore bien moins l'adminiſtration des Finances, pour le mettre en avant ; car avec les plus légères notions, l'Auteur ſaurait que les Contribuables ſont conſtamment arriérés de plus de ſix mois ſur le païement des impôts actuels, & qu'ainſi, les recouvremens progreſſifs qui ſe feraient des termes échus des impôts ſupprimés, empêcheraient toujours toute eſpèce de vuide apparent dans les Finances, juſqu'au premier & même juſqu'au ſecond terme à écheoir des nouvelles impoſitions propoſées.

5°. L'AUTEUR conſerve, outre ces nouveaux impôts, les droits de *Contrôle*, d'*Inſinuation*,

&c, parce qu'il les regarde comme nécessaires à la sûreté publique, à cet égard je les envisagerais de même, s'ils n'étaient point onéreux, & s'il ne s'agissait que d'une formalité gratuite; mais ici, c'est un impôt réel qu'il laisse subsister, impôt très-pernicieux au bien public. En effet, 1°. les droits excessifs de Contrôle empêchent de passer beaucoup d'obligations pardevant les Notaires en Province; pour éviter ces droits, les bailleurs de fonds traitent sous signatures privées, perdent les avantages de l'hipothèque attachée aux titres parés, & s'exposent à la perte de leurs capitaux; 2°. l'excès des mêmes droits empêche nombre de créanciers de poursuivre leurs débiteurs, soit parce qu'ils sont dans l'impuissance d'avancer des droits souvent considérables, soit parce qu'ils craignent encore d'en hasarder le montant en pure perte; 3°. il en est de même des arrêts ou jugemens qui adjugent des dommages-intérêts en matière civile, & qui ne sont souvent ni levés ni exécutés, soit à cause de l'excès des droits, soit à cause de l'impuissance d'y satisfaire, à laquelle sont souvent réduites les parties à qui les dommages-intérêts sont adjugés. 4°. Le même inconvénient résulte encore du droit d'Insinuation, & expose, pour s'y soustraire, les Parties contractantes à des fraudes qui tournent à leur préjudice, & qu'on éviterait en fixant ces droits à la somme la plus modique, sans égard à la valeur des objets contrôlés ou insinués, & seulement pour subvenir aux frais des Bureaux & aux appointemens des Commis. Ainsi proposer de laisser subsister ces Droits, c'est proposer d'éterniser un abus & un impôt qu'il serait très-utile dans tous les cas de supprimer.

6°. L'AUTEUR propose ensuite l'établissement d'une *Taille-réelle*, à raison de 4 sols pour livre, ou d'un cinquième sur les *Immeubles réels*, & de 2 sols pour livre ou d'un dixième seulement sur les *Immeubles fictifs*, & sur les fonds appartenans à l'Eglise, encore se réserve-t-il, en cas de besoin, d'en affranchir les Gens de Main-morte. Il faut convenir que cet article est mille fois plus révoltant que les précédens, & mérite une discussion encore plus détaillée.

JE voudrais savoir, d'abord, pourquoi cette différence de taxe entre les immeubles *réels* & les *fictifs* ? & pourquoi la faveur des *fictifs* sur les *réels* ? Chacun sait que les immeubles réels, tels que les *maisons*, *terres*, *prés*, *vignes*, &c. sont sujets à un entretien très-dispendieux, &

à mille événemens, qui tous les jours trompent l'espérance des propriétaires; qu'au contraire, les immeubles fictifs, tels que les contrats de rente, ne sont exposés à aucune vicissitude. Ils devraient donc mériter bien moins de faveur que les autres immeubles, puisque le produit en est toujours constant : pourquoi donc une préférence aussi caractérisée qu'injuste ? Le voici : l'Auteur a craint de révolter, par son sistême onéreux, les *Capitalistes*, dont le nombre, à Paris sur-tout, est beaucoup plus considérable que celui des Propriétaires *fonciers*. Il a tâché par-là, de captiver le suffrage des uns aux dépens des autres, mais c'est n'être qu'à demi-Citoïen, que d'admettre des considérations en matière de bien public. Ce qui prouve ce que je viens d'avancer, c'est l'immunité que l'Auteur accorde aux immeubles réels & fictifs appartenans à l'Eglise; mais à cet égard, les Mains-mortables savent qu'ils sont Sujets du Roi comme le reste des Citoïens, qu'ils doivent contribuer aux besoins de l'Etat, comme l'Etat contribue journellement aux leurs; qu'enfin il faut des hommes & des bras pour le défendre, & conséquemment qu'il faut soutenir, par des secours pécuniaires, ces braves Protecteurs des propriétés particulières. Cependant l'Auteur fait espérer aux Gens de main-morte une franchiſe abſolue ; c'eſt pouſſer la condeſcendance au dernier période.

POUR démontrer à quel point l'Auteur a mal vu à cet égard, il faut entrer dans un détail & dans des calculs poſitifs. Il exiſte en France plus de 14000 Couvens, Communautés ou Maiſons Religieuſes, que l'on peut ſuppoſer, ſans exagération, habitées par 150,000 perſonnes ; il exiſte 35, 564 Cures, que l'on peut ſuppoſer, l'une dans l'autre, deſſervies par trois perſonnes, ce qui forme 206, 692 individus ; il exiſte environ 1100 Abbés ou Abbeſſes Commendataires, environ 2500 Chanoines-Métropolitains ; enfin il exiſte bien encore 40, 000 autres Chanoines, Prieurs, Bénéficiers & Prêtres ſans exercice ; or ces différens calculs qui ne ſont point exagérés, font un réſultat d'environ 300, 000 ames qui font le *ſoixantième* de la population actuelle, & ce nombre prodigieux renferme au plus un *dixième* de femmes.

IL eſt conſtant qu'à la réſerve des Prélats, des Chanoines-Métropolitains, des Curés & des Prêtres emploïés à la deſſerte des Cures, qui forment le tiers de la maſſe des Gens de main-morte, le ſurplus peut dire avec vérité :

« *Nos numeri ſumus & fruges conſumere nati* ».

L'on peut & l'on doit les regarder non-ſeulement comme inutiles, mais même comme à charge à l'Etat. En effet, ils ſont inutiles pour les arts, pour l'induſtrie, pour le commerce, pour l'agriculture & pour la *population*.... ils ſont à charge, en ce que, voués en grande partie, à l'état humiliant de la mendicité, ils enlèvent aux véritables pauvres la ſubſiſtance qui leur eſt dûe, au lieu de contribuer par leurs travaux au ſoutien & à la richeſſe de l'Etat. A l'égard de ceux qui ne ſont point mendians, enivrés de leur bien-être, ils font circuler l'embonpoint avec l'oiſiveté; nuiſibles à leurs voiſins, déſunis avec leurs égaux, dangereux à leurs inférieurs, ils échafaudent, au ſein de l'opulence, mille prétentions ambitieuſes, ſource d'autant de procès ruineux, dont ils ſont ſouvent victimes; & par leur conduite, ou leur régime, ils deviennent d'autant plus à charge, qu'ils augmentent les beſoins de la ſociété, ſans contribuer aux moïens de les remplir. Ainſi dans l'ordre de la ſaine politique, s'il n'était pas eſſentiel de conſerver l'égalité la plus parfaite dans la répartition des impôts, les Mains-mortables inutiles que je viens de désigner, devraient être imposés au triple des autres classes de la société, afin de balancer le fardeau de leur oisiveté par le poids de la contribution. Cela posé, c'est donc une injustice que de vouloir les affranchir de la moitié des charges que supportent les autres citoïens; mais ce serait une injustice bien plus révoltante de les en affranchir en totalité: en cela l'Auteur du *Plan économique* a très-mal vu.

La *Taille-réelle* proposée présente encore des difficultés insurmontables, résultantes de la différence de taxe imposée sur les immeubles *réels* & sur les *fictifs*. En effet, en imposant les *réels* au double des *fictifs*, c'est d'abord réduire forcément les terres & les maisons à la non-valeur la plus marquée, pour donner aux contrats de rente un cours & une valeur considérables, ce qui s'oppose diamétralement aux principes d'une sage administration. En effet, la possession des rentes offre une propriété toujours oisive, & par conséquent onéreuse; la possession des terres offre au contraire une propriété toujours active, & conséquemment toujours utile. Celui qui posséde cent mille livres de rente en contrats, est un Etre absolument inutile à tout autre qu'à lui-même; celui qui posséde au contraire la même fortune en terres, eſt un Etre d'autant plus utile qu'il ne peut jouir de ſon bien-être, ſans opérer celui des autres; il lui faut des bras, des cultivateurs, des ouvriers de tous les genres, qui tous vivent avec lui, tandis que le *Capitaliſte* vit tout ſeul, & n'a beſoin de perſonne qu'il puiſſe faire vivre.

D'UN autre côté, cette différence de taxe rend abſolument impraticable le commerce des immeubles *réels*; en effet, il eſt rare qu'une terre, une maiſon d'un prix un peu conſidérable ſoient païées comptant, ou tout au moins, ſans que les acquéreurs empruntent; or, dans l'hipothèſe de la Taille-réelle propoſée, tout acquéreur qui n'aurait point le prix entier de l'acquiſition qu'il voudrait faire, ne traiterait point, parce qu'en empruntant il éprouverait une léſion trop énorme. Un exemple rendra mon obſervation plus ſenſible. Je ſuppoſe qu'avec 50, 000 liv. ſeulement, en eſpèces, un particulier veuille acquérir une Terre de 100, 000 liv. qui lui rapportera 5000 liv. de revenu; de deux choſes l'une, ou il conſtituera à ſon vendeur 2500 liv. de rente au principal de 50, 000 liv. pour completter le prix de la Terre, ou il empruntera la même ſomme à conſtitution par privilége pour ſolder ſon acquiſition en plein. Or, cette opération faite, il devient dans tous les cas, propriétaire d'un bien de 5000 liv. de revenu, pour lequel à raiſon de 4 ſ. pour livre, ou de $\frac{1}{5}$ il païera 1000 liv. de Taille ; cependant au moïen de la conſtitution ou de l'emprunt qu'il a fait, il n'eſt propriétaire à titre utile que de la moitié de ce bien, & il eſt propriétaire du reſte à titre onéreux. En effet, il païe la Taille pour la totalité, à raiſon de 20 pour $\frac{0}{0}$, & ſur les 2500 liv. de rente qu'il eſt ſuppoſé avoir conſtituée au vendeur ou au bailleur de fonds, il ne peut retenir que 2 ſ. pour liv. ou 10 pour $\frac{0}{0}$; dès-lors il païe évidemment en pure perte 10 autres pour cent, c'eſt-à-dire, ſur 1000 liv. qu'il païe en raiſon de ſa Terre, il ne retient que 250 liv. à ſon rentier, de ſorte qu'il reſte chargé de 750 liv. pour une poſſeſſion, qui dans ſes mains n'eſt réellement que de 50, 000 livres ; conſéquemment il ſe trouve païer une Taille de 30 pour cent ; conſéquemment il païe 10 pour cent pour un objet dont il n'a qu'une propriété précaire. Il eſt donc évident que la différence de taxe propoſée, ſerait abſolument nuiſible au commerce des immeubles *réels*, à l'agriculture, & ſur-tout à la vente

& à la conſtruction des maiſons ; obſervation très-eſſentielle, à laquelle l'Auteur du Plan n'a pas fait attention, & qui prouve combien il eſt peu familier avec les calculs & la Finance.

7°. POUR aſſeoir avec juſteſſe la Taille-réelle, l'Auteur propoſe d'obliger les propriétaires *fonciers* de donner un Etat certifié de la valeur de leurs biens, même de repréſenter copie fidèle de leurs Baux, ſous peine d'amende. Mais c'eſt une ſeconde ſorte d'inquiſition qui ne produirait point le fruit qu'il en attend. En effet, l'Auteur ignore, ſans doute, que par les baux de Fermes l'on a le droit d'obliger *par corps* les Fermiers au païement du prix de leurs fermages ; qu'en conſéquence de ce droit, les propriétaires, pour diſſimuler la valeur de leurs fermes, ne portent ſouvent le prix des baux qu'au tiers de la valeur des biens ; que, pour le ſurplus, ils ſe font faire des lettres de change païables annuellement & dans les mêmes termes des baux, avec la précaution d'exiger une année d'avance ; & que, par cette ruſe, ils évitent pour eux-mêmes deux tiers de Vingtième, & deux tiers de Taille à leurs Fermiers : or cet abus ſubſiſterait toujours ſans qu'il fut poſſible de le découvrir ou d'en adminiſtrer la preuve. Ainſi la repréſentation des baux n'opérerait rien moins qu'une juſteſſe d'impoſition. Les moïens que l'Auteur propoſe encore pour connaître les ventes de bois & les conſtitutions de rentes, ſont auſſi mal vus ; ſi ſon Plan pouvait avoir lieu, il ſuffirait d'aſſujettir les ventes de bois & les conſtitutions de rente à la ſimple formalité de l'Inſinuation.

8o. L'AUTEUR projette enſuite de ſoumettre au paiement de la même Taille ceux qui tiennent des Domaines du Roi à titre d'*Engagement*, ſous le prétexte que ces Domaines ſont engagés à bas prix, & que cela ſerait plus profitable que de les remettre dans la main du Roi, parce qu'en les retirant il faudrait rembourſer les Engagiſtes. C'eſt à peu près comme ſi l'Auteur établiſſait pour principe que la partie eſt préférable au tout : mais à cet égard, il ne paraît pas mieux inſtruit de la partie des Domaines, que de celle des Finances. En effet, l'Engagement des Domaines eſt en général une mauvaiſe opération, quoique fort ancienne ; elle eſt très-nuiſible au bien de l'agriculture, très onéreuſe au Souverain, & très-peu profitable aux Engagiſtes ; il eſt vrai qu'elle pourrait être avantageuſe à ces derniers, s'ils n'avaient pas toujours à craindre l'éviction qui arrête prodigieusement leurs soins & leur émulation. Je ne m'étendrai point ici sur cet objet qui exigerait une discussion détaillée pour parvenir à une réforme entière. C'est d'ailleurs une matière que j'ai approfondie & traitée séparément, & que je mettrai sous les yeux du Public, dans la seconde partie de cet Ouvrage.

9°. L'AUTEUR prétend que sa *Taille-réelle* produirait par spéculation au moins 320 millions, & que les deux impôts réunis, formeraient 846 millions, non compris les augmentations qu'on pourrait y faire, & les différens droits qu'il laisse encore au Roi ; de sorte que, suivant l'Auteur, le Souverain pourrait avoir environ 900 millions de revenus annuels ; ce qui triplerait presque le produit des impôts actuels ; voilà le tableau du *soulagement* que l'Auteur offre à l'Etat. Il tire de là une conséquence dont je ne sens point le mérite ; il résulterait de ce plan, dit-il, que le revenu du Roi serait liquide & *secret* ; mais pourquoi *secret?* Ferait-il aux Sujets du Roi l'injustice de croire qu'ils verraient à regret la puissance & la richesse réunies dans les mains de leur Souverain ? mais nous voïons sans murmurer, tant de fortunes brillantes entre les mains de gens qui en abusent, & qui sont peu faits pour les posséder, que nous ne pourrions voir qu'avec plaisir des trésors immenses dans celles d'un Souverain bienfaisant.

Du revenu prodigieux que l'Auteur veut procurer au Roi, il consacre annuellement le tiers au païement des Dettes; c'est très-bien fait : mais la liquidation serait excessivement longue, & conduirait encore à plus de dix années ; or, il faut un remede plus prompt. Mais adoptons pour un instant le sistéme de l'Auteur : le Roi percevra 900 millions, il en consommera 90 en frais de régie, 270 en païement de dettes, il en restera 540 pour les dépenses annuelles : voilà le revenu d'une part & l'emploi de l'autre; voïons maintenant les conséquences.

PREMIEREMENT, il ne faut considérer les dettes dans un Etat que comme un mal accidentel, & lorsqu'il s'agira de déterminer une imposition qui fixe les revenus de l'Etat, il ne faudra jamais faire entrer les dettes en considération, parce que ce n'est qu'un mal accidentel qui, une fois guéri, rend le remede désormais inutile. Or, partons de ce principe; il s'ensuivra qu'après l'acquittement entier des dettes actuelles, le Roi, suivant le ſiſtême de l'Auteur, jouira d'un revenu conſtant de 900 millions par an, ou pour mieux dire de 810 millions nets. Mais quel emploi le Souverain fera-t-il d'un revenu ſi exceſſif? Il eſt certain qu'en paix les dépenſes courantes & ordinaires de l'État ne peuvent gueres monter à plus de 250 millions par an, je les fixe pour un moment à trois cents; dans cette derniere hipothèſe, la recette annuelle excédera la dépenſe de 510 millions : que deviendront ces épargnes exceſſives, à quoi ſerviront-elles? L'Auteur me dira ſans doute qu'elles ſerviront en tems de guerre; mais c'eſt encore où je l'attens. La guerre dans tous les Etats eſt un événement caſuel qui peut arriver, ou ne pas arriver; à ſuppoſer qu'il arrive, c'eſt un mal accidentel & paſſager; or, dans ce cas, une ſeule année d'épargnes, ſuppoſée de 510 millions, ſuffira très-amplement à ſoutenir ſix années au moins de la guerre la plus opiniâtre; mais pendant ces ſix années, le Roi aura encore économiſé *trois milliards ſoixante millions*, qu'en fera-t-il, lorſque la guerre ſera terminée? Je crois qu'ici l'Auteur s'embarraſſe.

SECONDEMENT, il exiſte une difficulté bien plus embarraſſante encore dont l'Auteur ne ſe

tirera,

tirera, je pense, pas mieux que de la précédente Il existe au plus 1500 millions d'espèces numéraires en France en louis d'or & en écus, je laisse à part les autres monnoïes. De cette quantité d'espèces, un quart, au moins, est dans une inaction continuelle, & se trouve ou consigné dans les dépôts publics, ou concentré dans des caisses particulieres : la circulation ne porte donc environ que sur 1125 millions. Mais, si la premiere année de l'administration proposée, le Roi économise 510 millions, l'année suivante la circulation ne sera plus que de 615 millions; il y aura déjà insuffisance d'espèces pour païer les 900 millions d'impôt; & si, néanmoins, il y a encore pareille économie de 510 millions, il ne restera plus pour l'année d'après que 105 millions de numéraire circulant. Je demande maintenant à l'Auteur avec quoi désormais on païera l'impôt, & de quelle maniere on pourra négocier dans le commerce? L'espèce étant nécessairement la balance du crédit, lorsque le numéraire disparaîtra, que deviendra la balance, comment la remplacera-t-on? Comment?... l'Auteur n'en sait rien, ni moi non plus.

TROISIEMEMENT, il faut établir pour

principe certain qu'une économie mal entendue de la part du Souverain, ferait un fléau pour ses Etats. J'explique ma proposition. Tout ce qui arrête, gêne ou diminue la circulation de l'espèce, est le fléau du Commerce; or, le Commerce est l'ame premiere d'un Etat, de-là dépendent son bonheur & sa richesse. D'après ce principe, si le Souverain économise des espèces, nécessairement il les retranche à la circulation, au commerce; dès-lors le principe d'activité s'affaiblit insensiblement & finit par s'anéantir totalement. Si le Roi, par supposition, économisait annuellement cent millions, & les laissait reposer dans son trésor, il est certain qu'il enleverait cinq millions de revenus à la société la premiere année, dix la seconde, quinze la troisieme, & ainsi de suite jusqu'à l'instant où il ferait rentrer ses épargnes dans la circulation. N'est-il pas plus juste, plus naturel, qu'il laisse profiter ces fonds dans les mains de ses Sujets? C'est un dépôt qu'il leur confie, dépôt qui les enrichit, & qu'il est sûr de retrouver quand il le veut: c'est même un moïen, une facilité de plus, pour le peuple, de païer ses impositions. Le Souverain n'a jamais besoin de thézauriser, il ne doit jamais exiger de ses Sujets plus qu'il ne veut dépenser, & l'impôt ne doit jamais excéder la dépense; autrement le Souverain appauvrit son Etat, & travaille lui-même à sa destruction. Or, d'après tous les principes que je viens d'établir, c'est donc une absurdité que d'offrir au Roi des trésors, des revenus excessifs, qui, bien loin de tourner à son avantage, tourneraient au contraire à son détriment & à la ruine de son Etat.

10°. L'AUTEUR passe à l'exécution de son projet, & prétend charger, soit les Officiers Municipaux, soit les Receveurs de sa nouvelle Taille, d'asseoir & de répartir l'imposition proposée; mais il retombe par-là dans le vice de l'*arbitraire*, qui est le premier vice en matiere d'imposition, & que l'Etat a le plus grand intérêt de faire cesser. L'Auteur accorde ensuite 4 den. pour livre aux Collecteurs, ce qui forme un objet de 14 millions, ou le sixieme des 84 millions qu'il passe en frais de régie; la gratification est honnête. Il accorde de même 4 autres deniers pour livre aux Receveurs des Tailles qui, à deux par Généralité, font un nombre de 64 Receveurs; ce qui fait encore un objet de 14 millions, & forme pour chaque Receveur un revenu annuel de 218,666 liv. 13 s. 4 den. assurément les Receveurs des Tailles doivent faire des vœux pour l'exécution d'un pareil projet. Enfin l'Auteur établit encore 34 Bureaux; sçavoir, un dans chaque Généralité, un à Paris & un Bureau général; &, pour ne point faire de jaloux, il passe encore 4 den. pour livre, ou 14 millions, pour l'entretien de ces Bureaux. Or, je les suppose remplis par un Chef & dix Commis, c'est beaucoup, car je ne vois pas trop ce qu'ils auront à faire; cela formera donc en tout 340 Commis & 34 Chefs; en donnant annuellement 100,000 liv. à chaque Chef, cela formera 3 millions 400 mille livres : il restera encore 10 millions 600 mille livres à partager entre les 340 Commis, ce qui fera pour chacun 31, 176 liv. 15 s. 3 den. Ce sera, comme l'on voit, de fort jolies places : doublez, triplez même le nombre des Commis, & vous en ferez encore des Seigneurs. L'Auteur, dans un moment, va mettre le comble à ses générosités.

11°. Il conserve encore les *Traites-Foraines* ou douanes aux frontières, pour percevoir les droits d'entrée & de sortie sur les marchandises nationales qui s'exportent, ou sur les marchandises étrangères qui s'importent. J'observe d'abord, à cet égard, que c'est un objet trop minutieux pour un Souverain, à qui l'on donne

810 millions de revenus annuels. Mais j'obſerve en outre que ces ſortes de douanes offrent deux inconvéniens à la fois. 1°. Pour que nous commercions librement avec l'Etranger, il faut qu'il puiſſe commercer librement avec nous. Les échanges forment la véritable balance du commerce, parce qu'il ſerait impoſſible de commercer long-tems au-dehors en argent ſeulement : en effet, ſans le ſecours des échanges, l'Etat qui ne commercerait qu'au comptant, abſorberait inſenſiblement & néceſſairement tout le numéraire de l'autre : alors les Puiſſances reſpectives auraient chacune intérêt de s'oppoſer à tout commerce extérieur, s'il fallait tout acheter de l'Etranger en eſpèces, & s'il n'y avait pas réciprocité d'achats & de ventes. 2°. L'émulation dans le commerce eſt l'ame de l'induſtrie, & la concurrence eſt l'ame de l'émulation ; ſans ces deux reſſorts, point de commerce. En effet, c'eſt l'induſtrie qui ſeule peut le vivifier, autrement il languit, &, par une conſéquence néceſſaire, il doit tendre journellement à ſa ruine. Suppoſez que l'importation des Draps étrangers ſoit prohibée, il en réſultera que les Fabricans nationaux aſſurés de la vente excluſive de leurs Draps, ne s'attacheront plus à perfectionner leur fabrication, parce

qu'ils n'auront plus à craindre la concurrence, & qu'ils seront assurés d'un débit forcé : mais au contraire, favorisez l'importation des Draps étrangers, les Fabricans nationaux jaloux de mériter la préférence & intéressés à l'obtenir, tâcheront d'égaler, même de surpasser, s'il se peut, la bonté de la fabrication étrangere, & non-seulement de mériter la préférence pour le débit intérieur, mais encore pour la vente à l'extérieur. Il résultera donc deux avantages de la liberté de l'importation ; le premier en faveur du Public, le second en faveur du Fabricant. Le Français ne pèche point par le défaut d'industrie, mais il a besoin d'émulation ; & alors il est presqu'assuré de déterminer la concurrence en sa faveur, mais il faut écarter pour cela toute espèce d'entraves ; or, les *Traites-Foraines* en sont une considérable. En effet, tout impôt sur l'exportation borne le commerce à l'extérieur, & concentre nécessairement dans l'Etat le surplus de l'industrie que nous avons intérêt de faire valoir : tout impôt sur l'importation borne l'industrie, en ce qu'il arrête la concurrence & l'émulation. Ainsi l'établissement des *Traites-Foraines*, qui dans tous les cas devrait être aboli, le devrait être encore plutôt d'après le Plan de l'Auteur. Mais il manque de principes & de notions politiques ſur le commerce, comme ſur les Finances. La briéveté que je me ſuis impoſée dans cet Ouvrage, ne me permet point d'étendre mes idées relativement à la liberté du commerce, ainſi qu'à l'exportation & à l'importation, mais je les retrouve preſque toutes dans l'excellent Ouvrage de M. MELLON que j'ai déja cité *. Je conſeille à l'Auteur du Plan de le lire avec l'attention qu'il mérite, il y verra de plus en plus combien ſon ſiſtême de Finance eſt contraire aux principes d'une adminiſtration ſage & réfléchie.

12°. OUTRE tous les avantages que l'Auteur ſemble offrir au Souverain, il laiſſe encore ſubſiſter la ferme des Poſtes, la Marque d'or & d'argent, & celle des métaux quelconques; mais c'eſt encore laiſſer ſubſiſter des impôts, des régies, & conſéquemment ſurcharger le peuple en détail. La Ferme ou plutôt l'Adminiſtration des Poſtes, eſt un établiſſement de la plus grande néceſſité; or, un impôt ſur les Lettres, c'eſt un impôt ſur le beſoin, car la communication entre parens ou négocians, eſt un véritable beſoin; &

* Eſſai pol. ſur le Com. chap. X & XI, pag. 130 & ſuiv.

nombre de gens n'écrivent point, même dans des cas néceſſaires, pour épargner les ports de lettres; s'ils coûtaient moitié moins, (& la choſe eſt poſſible) on écrirait moitié davantage. Il ſerait donc à déſirer, & l'intérêt public l'exige, que la Ferme des Poſtes ne ſubſiſtât qu'en forme de régie au compte des Adminiſtrateurs, & que le prix des lettres fût réduit au plus bas poſſible, de manière à remplir ſeulement avec un bénéfice honnête les frais de l'adminiſtration.

QUANT à la Marque d'or & d'argent, elle eſt d'une néceſſité reconnue, pour aſſurer la fidélité du titre des matieres; mais le droit attaché à cette marque eſt trop onéreux, & nuit conſidérablement au commerce de l'Orfévrerie, tant pour l'extérieur que pour l'intérieur du Roïaume. Ce droit ne ſert qu'à favoriſer le commerce de la vieille vaiſſelle au préjudice de la neuve, & à reſtreindre la fabrication & l'induſtrie dans les bornes les plus étroites. Il ſerait conſéquemment d'une politique bien raiſonnée de ſupprimer les droits de marque, en aſſujettiſſant toutefois à faire marquer moïennant une rétribution très-modique, ce qui non ſeulement étendrait beaucoup le commerce de l'Orfévrerie, mais encore préviendrait les fraudes sans nombre & très-périlleuses, qui se commettent pour éviter les droits.

13°. L'AUTEUR dit qu'il ne touche point aux Priviléges, sauf à les examiner dans la suite, c'est-à dire, que, par *interim*, il les laisse subsister. Mais en matiere d'imposition, tout privilége est une infraction au droit public, parce qu'on ne peut soulager la charge des uns, sans aggraver celle des autres : or, dans l'ordre public, & sur-tout dans l'ordre de la Monarchie, tous les Citoïens sont indistinctement égaux, & doivent contribuer, chacun proportionnellement à ses facultés, aux besoins de l'Etat : l'Auteur paraît avoir voulu faire sa cour aux Privilégiés ; mais il a tort, l'État méritait la préférence, & il ne devait point balancer sur le parti qu'il avait à suivre.

14°. ET enfin, l'Auteur remplace la Ferme-Générale qu'il anéantit, par soixante-six Régisseurs & deux Chefs, à chacun desquels il attribue annuellement, dit-il, plus de 300,000 l. de rétribution. Mais, 1°. dans l'hipothèse même de son Plan, l'Auteur n'avait pas besoin de cette nuée de Régisseurs, car ils n'ont réellement rien à *régir* ; il en est de même des deux Directeurs qui n'ont rien à *diriger*. Mais l'Auteur a eu deux objets ; l'un de donner une retraite lucrative aux Fermiers-Généraux actuels, l'autre de se réserver une place de récompense, & une place d'ami, sous le titre de Directeur ; c'est fort bien fait : mais il eût mieux valu trouver le moïen de pourvoir aux besoins réels d'une armée de Commis qu'il supprime, que d'enrichir soixante-six Particuliers déja riches par eux-mêmes, du moins pour la plupart. D'un autre côté, en Citoïen honnête & désintéressé, l'Auteur, si ses travaux sont utiles à l'Etat, devait attendre sa récompense de l'Etat même, parce que le Souverain & le Gouvernement ne sont point faits pour profiter gratuitement des veilles & des travaux d'un Citoïen utile & zélé pour le bien public. 2°. Pour mettre le comble à ses générosités, l'Auteur annonce une rétribution annuelle de plus de 300, 000 livres, en faveur de chaque Fermier-Général devenu Régisseur ; mais il a voulu modifier la chose pour ne pas révolter le Public. En effet, sur 84 millions de frais de régie, il en reste, suivant son Plan, 42 quittes de tous frais aux 68 Régisseurs & Directeurs : or, cette somme divisée par 68, offre pour chaque Intéressé, une rétribution annuelle de 617, 640 liv. Certainement, à ce prix, il n'est point de Fermier-Général qui n'échangeât bien volontiers ſa place actuelle contre celle des Régiſſeurs propoſés. En cela l'Auteur a voulu leur faire ſa cour & captiver leur bienveillance, mais ils ont été les premiers à rire d'une générosité ſi déplacée.

JE crois en avoir dit aſſez pour réfuter le Siſtême dont il s'agit ; je n'entrerai point dans des détails plus étendus, parce qu'en attaquant ce ſiſtême dans ſes principes, j'en détruis néceſſairement & radicalement toutes les conſéquences. Ainſi, pour me réſumer ſur cet objet, en rapprochant du ſiſtême propoſé les véritables principes de la Finance Politique, tout prouve l'impoſſibilité de ſon exécution, ſoit en totalité, ſoit en partie.

DEPUIS que cette partie de mon Ouvrage eſt finie, il a paru deux Ouvrages, dont l'un eſt une réfutation du même ſiſtême par M. l'Abbé BAUDEAU, ſous le titre de *Queſtions*; l'autre eſt un nouveau Plan, ſous le titre de *Réflexions d'un Solitaire*.

LE premier de ces Ouvrages n'a fait qu'effleurer la matière & préſenter un *Cercle* vicieux, qui ſe retrouvera dans toutes les formes poſſibles d'Impoſition. Il eſt conſtant que l'Artiſan tâche de gagner, ſur le prix de ſon travail, l'impoſition qu'il païe; & qu'alors ceux qui ont déja païé leur taxe perſonnelle, païent encore indirectement & réellement celle de l'Artiſan qu'ils emploïent : mais c'eſt un vice qu'on ne parviendra jamais à réparer, & qui, dans le vrai, fait une faible ſenſation ſur le corps des Citoïens en général, parce que c'eſt un vice qui circule. En effet, ce que l'Artiſan d'une eſpèce fait païer, d'un côté, au Conſommateur qui l'emploïe, il le paie lui-même à ceux qui travaillent pour ſa conſommation perſonnelle; or, un vice qui circule, ceſſe, pour ainſi dire, d'en être un en matière politique. Du reſte, la réfutation de M. l'Abbé BAUDEAU ne porte ſur aucun des principes de l'adminiſtration des Finances; ce ne ſont que quelques obſervations dans leſquelles, comme je l'ai dit, la matiere eſt ſimplement effleurée.

LE ſecond de ces Ouvrages eſt d'un autre genre; l'Auteur, quoiqu'en effleurant auſſi la matière, a touché de près aux véritables principes, & ſes idées ſe rapprochent beaucoup des miennes à cet égard. Ses obſervations, ſur les vices du cadaſtre, ſont judicieuſes & conſéquentes; les principes en ſont bien poſés.

Quant au Siſtême d'Impoſition & de Perception qu'il préſente, les opérations ſont encore trop compliquées, & n'offrent point un réſultat fixe, qui doit être le terme de tout Plan de Finance. Ce Siſtême, quoique ſimple & d'une exécution facile en apparence, offrirait néanmoins de grandes difficultés à vaincre ; c'eſt proprement l'Abrégé du Siſtême de la Dîme Roïale attribué à M. de Vauban ; mais je n'entrerai dans aucun détail à cet égard, pour ne point allonger mon Ouvrage, ni ſortir des bornes que je me ſuis impoſées. Je vais paſſer maintenant à l'expoſé de mon Siſtême particulier, que je ſoumets à l'examen le plus critique : mon objet eſt le bien public, & ce ſera toujours y coopérer, que de relever mes fautes, ou de préſenter des moïens meilleurs que les miens.

SECONDE SECTION.

SISTÊME-GÉNÉRAL DE FINANCE.

NOMBRE d'Auteurs ont écrit d'une manière même très-judicieuſe, pour la plupart, ſur l'adminiſtration des Finances, & ſur les Impôts, ou ſur différentes parties relatives à ces deux objets : l'Abbé de *Saint-Pierre*, le Comte de *Boulainvilliers*, *Melon*, *Dutót*, l'Auteur des *Mémoires pour ſervir à l'Hiſtoire générale des Finances*, compilation purement hiſtorique ; l'Auteur de la *Théorie de l'Impôt*, Ouvrage qui pèche dès le titre; l'*Anti-Financier*, écrit ſatirique ſur des abus généralement connus; l'Auteur des *Recherches & Conſidérations ſur les Finances de France*, Ouvrage ſavant & approfondi, mais qui poſe moins ſur les principes que ſur les détails; enfin, l'*Ami des Français*, Ouvrage qui préſente quelques objets aſſez bien vus, mais noïés dans une mer d'idées & de moïens impraticables, & nombre d'autres Ecrivains ont traité des *Finances* mais tous ont péché de même. Ils ont démontré des vices connus, ſans fournir les moïens juſqu'à préſent inconnus d'y remédier : ils ont pris la partie pour le tout, & ſe ſont toujours arrêtés aux détails avant de paſſer aux principes, au lieu de remonter d'abord aux principes, pour enſuite les adapter aux détails : de ſorte qu'ils ont toujours écrit ſans fruit pour l'Etat, & ſans ſatisfaction pour eux-mêmes.

En reconnaiſſant leur défaut, j'ai tâché de l'éviter, j'aurais déſiré que les bornes de cet Ouvrage m'euſſent permis de traiter plus à fond une matière ſi importante à l'Etat & au Public mais je ſuis preſſé par les circonſtances je ne puis que donner une esquisse de mes idées ; si le Gouvernement & le Public m'honorent de leur suffrage, je pourrai refondre mon travail, & fournir un Ouvrage complet ; en attendant, je vais suivre mon premier Plan.

L'ADMINISTRATION du Gouvernement semble une Hidre au premier coup-d'œil ; cependant en la regardant du côté des principes, ce n'est rien, mais du côté des détails, c'est un labirinthe affreux : voilà le vice. Le défaut de principe ou de Sistême-général dans l'administration, exclut la concordance & l'harmonie si nécessaires entre toutes les Parties. De-là résulte un vice sensible, & qui, loin de diminuer, doit nécessairement s'accroître. Le défaut de principe général, fait qu'à chaque changement de Ministre, le Sistême & le régime des Départemens changent aussi, parce que chaque Ministre se fait à lui-même un Sistême-particulier de réforme, d'opérations, suivant sa manière particulière de voir : mais si le Sistême de chaque Département était lié à un Sistême-général, chaque Ministre alors serait lié lui-même à son objet, & tout tendrait insensiblement à la perfection du Sistême-général. La preuve de ce que je viens d'établir est démontrée par les vicissitudes étonnantes & presque toujours contrastées, dont l'administration des Finances a présenté le tableau depuis près d'un siécle, & sur-tout, depuis le commencement du dernier règne.

Mais, en ramenant les choses à leur vrai point de vue, l'administration politique d'un Etat quelconque n'est, en grand, malgré les détails, que ce qu'est, en petit, l'administration d'une maison particuliere; &, quoiqu'en bonne logique, on ne doive pas conclure du particulier au général, je crois néanmoins que c'est ici le cas de faire exception à la régle. Cette idée pourra paraître un paradoxe à bien des gens, il faut les tirer de leur erreur.

Le principe d'une bonne administration privée, consiste à bien connaître les revenus & les charges, à proportionner la Dépense à la Recette, & à balancer exactement l'un avec l'autre: il en est de même de l'administration générale. Les Finances, dans un Etat, sont la base de toute l'administration, parce que toutes les parties non-seulement sont liées à celle-là, mais encore en sont absolument dépendantes. C'est donc la partie à laquelle on doit spécialement s'attacher, parce que, de la bonne administration

administration de celle-ci, doit nécessairement résulter celle de toutes les autres.

On a regardé depuis long-tems la régie & l'administration actuelle des Finances, comme le chef-d'œuvre de l'esprit humain : des Souverains étrangers ont même voulu l'adopter, ils ont établi chez eux la même régie, ils ont voulu suivre les mêmes principes ; c'est, dit-on, la preuve la plus certaine de la perfection de ce Sistême. Je conviens que l'ensemble de la régie des Finances est un chef-d'œuvre que l'on est parvenu à conduire au plus haut degré de perfection : les abus successifs & les fraudes multipliées, ont fait renchérir sur les précautions, au point que l'administration, dans son état actuel, est, comme le disent les Financiers même *, une *belle Machine.* Mais il en est de cela, comme d'un édifice

* « Les Financiers prétendent que leur administration est une *belle Machine ;* je ne doute pas qu'elle » n'ait beaucoup de réssorts, dont la multiplicité en » cache le jeu au Public ; mais elle est encore bien » loin d'être une science. Il faut que dans tous les tems » elle ait été une *énigme* ; car les Historiens ne parlent » guère de cette partie du Gouvernement si importante » dans tous les Etats : la raison n'en serait pas impos» sible à trouver. » DUCLOS, *Consid. sur les mœurs*, pag. 228-29. Ed. de 1774.

construit dans toutes les regles de l'architecture, embelli de tous les ornemens les plus recherchés & les plus réguliers, mais qui aurait pour base un sol mouvant; ce ne serait, malgré toutes les perfections de l'art, qu'un édifice défectueux; il en est de même de la régie des Finances: la nature des impositions & la forme des perceptions étant vicieuses, la Régie, telle qu'elle soit, ne peut manquer de l'être également. C'est une vérité dont la Nation en général est d'accord.

L'ADMINISTRATION des Finances ne se borne pas simplement à la perception & à l'emploi des deniers roïaux, ce serait borner le Ministre de ce département aux fonctions d'un simple Intendant. « C'est ne savoir rien, » dit MELON, que de ne savoir que l'ordre » de recette & de dépense, ou tout au plus » c'est *savoir lire*, & il y a bien loin de-là, à » la moindre science de Gouvernement ». Il a raison. Le Ministre doit encore protéger & favoriser la Population, l'Agriculture, le Commerce, les Arts & l'Industrie. Le moïen de protéger la Population & l'Agriculture dépend plutôt des encouragemens que des exemptions, il dépend encore de la nature des impôts & de la manière de les percevoir.

Moins le Cultivateur aura de charge, plus il travaillera, parce que chaque individu tend au meilleur-être; & dès-lors, plus la Population s'accroîtra. Le moïen de protéger le Commerce, c'est d'écarter toutes les entraves qui peuvent en gêner les opérations; de forcer la circulation des espèces; d'extirper & d'abolir entièrement l'usure, aujourd'hui si exorbitante & si générale, par l'établissement si simple & si désiré du *Mont-de piété*; enfin de prévenir par une Loi prudente & rigoureuse les banqueroutes trop fréquentes & si souvent frauduleuses. J'ai, à cet égard, plusieurs moïens d'une exécution très-facile, que je puis présenter avec confiance, mais qui, dans ce moment, sortent de mon objet actuel. Enfin le moïen de protéger l'Industrie, c'est de l'encourager par des récompenses, & d'exciter l'émulation par la suppression de toutes les Maîtrises & de toutes les Communautés en jurande, qui sont exactement le fléau des arts & le tombeau de l'industrie. Voilà les objets les plus essentiels du Département des Finances, & qui doivent faire partie d'un Sistême-général.

POUR parvenir à former ce Sistême, & rentrer dans les principes que j'ai précédemment établis, il faut commencer par former un Etat au vrai des *Charges* annuelles de l'Etat: j'appelle charges, l'entretien de la Maiſon du Roi, des Troupes de terre & de mer, & tout ce qui peut y être relatif; les Affaires Etrangères, le Département des Finances, les Ponts & Chauſſées, Penſions, Appointemens, le Tréſor-Roïal ſeulement, &c. J'en excepte tout ce qui regarde les Fermes-Générales, les Receveurs-Généraux des Finances, les Receveurs des Tailles, de Capitation, tous les Tréſoriers de tous les genres, &c. parce que toutes ces Charges doivent diſparaître dans un nouveau Siſtême-général. J'en excepte encore les rentes dûes par l'Etat, les gages de tous les Offices & toutes les dettes quelconques, parce que ce ne ſont que des charges accidentelles auxquelles il faut pourvoir par des moïens particuliers, ſans déranger le Siſtême-général qui doit en être abſolument indépendant.

Le tableau des charges ou dépenſes annuelles une fois connu, le Gouvernement ſaura préciſément ce qu'il lui faudra d'eſpèces pour les remplir, & par conſéquent quelle ſera la charge annuelle de l'Etat. Voilà, je crois, le préalable abſolument indiſpenſable avant de penſer à l'établiſſement d'aucun impôt. Cet objet une fois connu, je ſuppoſe que les dépenſes annuelles forment un capital de 250 millions, (& je ſuis aſſuré que, déduction faite des charges que je retranche, & païant dans la ſuite tout au comptant, elles ne ſeront point auſſi conſidérables); il eſt évident que l'on connaîtra préciſément quelle doit être la charge du peuple, & qu'il ne s'agira plus que de l'impoſer avec proportion, & de la repartir avec juſteſſe; alors tout ſera dans l'ordre : mais établir l'impôt avant de connaître la dépenſe, ce ſera toujours une fauſſe opération.

MAIS, objectera-t-on, ſi vous n'impoſez le peuple que proportionnellement à l'Etat de dépenſe courante, comment pourvoirez-vous aux dépenſes extraordinaires, telles que celles d'une guerre s'il en ſurvient ? Je répondrai que tout eſt prévu par le Siſtême-général, & que cela doit être, parce qu'il faut trouver le moïen d'empêcher l'Etat de former jamais aucune dette, dans aucun cas poſſible, & cependant pourvoir à tous les beſoins.

CE ne ſont point les impôts actuels qui ſont trop onéreux, mais ſeulement leur multiplicité;

la répartition mal entendue & la perception trop compliquée, font le reste du mal. Lorsqu'on se figurera, par exemple, qu'il se perçoit à Paris *vingt-cinq* differens droits sur une seule pièce de vin, on pourra juger facilement qu'une Régie pareille doit être nécessairement vicieuse, & l'on aura raison. Ce qui aggrave encore le fardeau public, ce sont les frais onéreux, soit directs, soit indirects, que nécessite la forme actuelle de la perception; or, l'on sait la différence énorme qui se trouve entre le produit de l'imposition & le résultat net au Trésor-Roïal. D'ailleurs la forme & la nature des impositions sont telles, que le plus faible porte toujours le fardeau le plus pesant, & c'est le vice le plus capital de nos Finances.

Il faut donc simplifier & les impôts & la perception; toute opération compliquée est un vice, voilà le second objet d'un Sistême général : pour parvenir au but, il faut tout réduire à une Imposition unique, invariable, & qui soit constamment à l'abri des événemens & des circonstances.

Je ne m'arrêterai point à critiquer le vice des impôts actuels, soit quant à leur nature, ſoit quant à la forme de leur impoſition; il me ſuffira d'obſerver que, dans la forme actuelle des impôts, le Roi lui-même en paie une partie très-conſidérable ſur tous les objets de ſa conſommation perſonnelle.

TOUTE impoſition ſur la conſommation eſt dangereuſe, en ce que, relativement aux objets de premiere néceſſité ſur-tout, elle ne laiſſe aucune proportion entre le droit ſur la conſommation & les facultés du Conſommateur, & que le pauvre comme le riche ſont aſſujettis à une taxe égale ſur les mêmes objets, ſans diſtinction de facultés. « Rien au monde » n'eſt ſi délicat, dit M. de FORBONNAIS, » que la nature des impôts ſur les conſom» mations, ce ſont les plus doux, les plus » abondans; mais ils ont des proportions de » rigueur, ſoit avec les autres genres d'im» pôts, ſoit avec une infinité d'autres cir» conſtances * ». Or ce ſont préciſément ces proportions qui manquent.

CE genre d'impoſition eſt encore plus dangereux, conſidéré relativement au commerce

* Recherches & Conſidérations ſur les Finances, *tom.* I, *pag.* 542.

qu'il énerve, & dont il affaiblit tous les reſſorts. En effet, impoſer les conſommations, c'eſt en arrêter ou tout au moins en gêner conſidérablement les progrès; c'eſt nuire à la fois à l'agriculture, à la fabrication, aux arts & à l'induſtrie, conſéquemment au commerce.

La Taille & la Capitation actuelles ne ſont pas moins vicieuſes, en ce qu'elles réduiſent tout à l'arbitraire. Or, dit encore MELON, que je cite toujours avec plaiſir, « tout ſiſtême » qui laiſſe de l'arbitraire dans l'impoſition » eſt défectueux *. » Il faut donc éviter ce défaut.

Mais pour établir un impôt & le repartir avec juſteſſe, il faut néceſſairement connaître les facultés des contribuables : or c'eſt précisèment où je voulais en venir; mais il ne faut emploïer pour cela aucun moïen violent ni vexatoire, parce qu'il n'opérerait qu'un résultat opposé à celui que l'on doit trouver.

Pour opérer ſûrement, il faut connaître le génie de la Nation. Or, le Français eſt

---

* Eſſai Polit. ſur le Comm. *pag.* 368.

généreux, il aime ſes Maîtres, & ſans vouloir s'entêter d'une chimère onéreuſe de liberté, qui n'eſt qu'un vain fantôme, il chérit ſon eſclavage. Par une conſéquence néceſſaire, s'il ſte bon ſujet, il eſt bon citoïen, parce que l'un ne va pas ſans l'autre; s'il ne gémit point ſous le poids des impôts actuels, à peine s'appercevra-t-il d'une impoſition modérée, légitime & bien rèpartie. Le Français connaît les beſoins généraux de l'Etat, il eſt attaché à la gloire de ſon Prince & de ſa Nation; il ſait qu'il lui en coûterait infiniment d'être obligé de défendre & de garantir lui-même ſes poſſeſſions patriculières, & qu'avec une légère contribution, il eſt à l'abri de tout; ce parti moins onéreux lui paraît préférable: il connaît la néceſſité des impôts, il eſt intéreſſé perſonnellement à les païer; dès-lors, il ne s'agira plus que de la forme des répartitions.

A cet égard, la fortune des citoïens, généralement priſe, eſt toujours la même, parce que, ſi celle de l'unvient à décroître, par l'effet d'une balance néceſſaire, celle de l'autre s'accroît en proportion; la ruine de l'un, fait la richeſſe de l'autre: à partir de ce principe, l'impôt peut être toujours égal & ſortir de l'arbitraire.

Mais il faut, avant tout, que le contribuable ſoit en état de connaître quelle eſt ſa charge actuelle, pour pouvoir conſulter ſes facultés, & juger de la différence qui ſe trouvera dans la ſuite entre l'impôt à établir & ceux qui ſont exiſtans.

Pour juger de la ſituation préſente, il faut ſe figurer qu'à Paris, par exemple, il n'eſt preſque point de Journalier qui ne païe annuellement environ quatre louis de droits, ceci peut paraître exagéré, je vais le prouver. Or, ſi, par ſuppoſition, l'on voulait exiger de ce même Journalier 24 liv. par an d'impoſition unique, ce malheureux qui n'eſt impoſé qu'à trente ſols de capitation, ſe croirait égorgé ; mais il faut lui démontrer le contraire.

Tout Journalier à Paris boit l'eau-de-vie le matin, j'en fixe la quantité à demi-poiſſon par jour ; c'eſt environ 23 pintes par an qui, à 12 ſols par pinte, païent 13 liv. 16 ſols de droits. Le même journalier boit bien, par évaluation, deux pintes de vin par ſemaine l'une dans l'autre, cela forme 104 pintes qui, à 4 ſols par chacune, païent 20 liv. 16 ſ. de droits. Le même fait uſage du tabac, ſoit en poudre, soit à fumer, quelquefois de tous les deux, & s'il use du tabac à fumer il en consomme davantage : or, supposons trois onces de tabac en poudre par semaine, c'est douze onces par mois, conséquemment 9 liv. par an ; or les droits sur le tabac sont d'environ 52 sols par livre, conséquemment il païe pour sa consommation 23 liv. 8 sols. Je suppose maintenant que ce journalier n'achete que de vieux linge, que de vieilles hardes, qu'il ne se nourrisse que de restes, ou qu'à la plus basse gargotte, néanmoins il païe tous les objets de sa consommation en raison des droits établis, qui renchérissent implicitement toutes les denrées ; or ce renchérissement peut être évalué, sans exagération, à raison de deux sols par jour sur sa consommation, c'est encore un objet de 36 liv. 10 sols. Or, en récapitulant le tout, il se trouve qu'il païe de droits,

Pour son eau-de-vie, . . .	13 l.	16 s.
Pour son vin, ...	20	16
Pour son tabac, ...	23	8
Pour le surplus de sa consommation,	36	10
Total. . . .	94 l.	10 s.

Or, pour peu qu'on ajoute sur la consommation de vin ou d'eau-de-vie, je me trouverai facilement au pair de 96 livres, & cependant cet homme croit ne païer que trente sols d'imposition.

Mais si le même homme achete du bois, de la viande & sur-tout du sel, voilà dans un moment la somme des droits augmentée du tiers ; partons de-là pour toutes les autres classes d'habitans, la proportion est la même. Je conviens qu'en Province les droits sont beaucoup moindres ; mais le sel & le tabac sont les mêmes : or, dans cette hipothèse, on peut estimer les droits que païe le plus malheureux Païsan sur sa consommation, environ à moitié de ceux qu'il paierait à Paris ; cependant l'imposition la plus modérée de la taille est de *cinq* à *dix* sols.

D'après ce qui précède, si vous imposiez le Journalier à 36 livres, & le Païsan à 18 liv. sans leur faire connaître ce qu'ils paent réellement l'un & l'autre aujourd'hui, ce serait, sans contredit, un coup de foudre pour eux, dont ils se croiraient anéantis ; mais faites-leur envisager au contraire ce qu'ils gagnent en ne païant qu'un impôt, faites-leur connaître que l'once de tabac qu'ils païent cinq sols ne leur en coûtera qu'*un* ; que le poisson d'eau-de-vie qu'ils païent en détail 4 ſols ne leur coûtera que *ſix blancs* ; que le vin qu'ils païent 8 ſ. ne leur en coûtera que *quatre* ; enfin que le ſel qu'ils païent 13 ſ. ne leur reviendra qu'à *trois* ou *quatre* au plus, & ainſi du reſte ; alors vous les convaincrez, ils verront qu'ils économiſeront environ deux tiers ſur les droits qu'ils paient aujourd'hui ; dès-lors ils païeront avec allégreſſe, avec empreſſement une taxe qui, ſans la connaiſſance de ces détails, leur paraîtrait exorbitante & intolérable.

Je crois avoir ſuffiſamment développé tout ce qui devait précéder l'expoſition de mon Plan d'impoſition pour en faciliter l'intelligence : je vais maintenant entrer dans les détails de ce Plan, & dans les moïens de ſon exécution.

PLAN
D'UNE TAILLE-GÉNÉRALE D'ABONNEMENT.

JE l'ai déjà dit, chaque Citoïen de toutes les classes sait qu'il doit contribuer volontairement ou forcément aux besoins de l'Etat, mais il ne doit le faire que proportionnellement à ses facultés, que personne ne connaît mieux que lui-même.

J'AI dit aussi que l'objet de mon sistême était de supprimer généralement tous les impôts existans, pour les réduire à un seul. Or, pour connaître les facultés des contribuables, & pouvoir fixer une imposition constante & bien repartie, le moïen est d'exiger des contribuables un Abonnement ou une Soumission libre & volontaire de païer annuellement (& sans frais) une somme quelconque au Roi, somme qui sera toujours proportionnelle aux facultés respectives.

J'AI dit encore, qu'avant de se déterminer sur la somme de l'imposition, il fallait connaître au vrai celle des charges annuelles; je la suppose connue, elle peut l'être d'un moment à l'autre; & elle doit l'être pour l'exécution de mon Plan.

CELA posé, les Soumissions prises par tout le Roïaume, la récapitulation des sommes une fois faite, de trois choses l'une, ou le montant des Soumissions surpassera celui des charges, ou il l'égalera, ou il lui sera inférieur. Si le résultat est égal, alors tout est dit, & l'imposition demeurera fixée d'après le Rôle des soumissions; s'il surpasse, alors l'excédent sera diminué au marc la livre; s'il est inférieur on l'augmentera dans la même proportion; & supposez qu'il faille augmenter d'un dixième ou d'un cinquième, il est constant que tel qui aura donné sa soumission pour 10 liv. sera bien en état d'en païer 11 ou 12 sans être foulé.

CE premier exposé de mon Plan va faire naître bien des objections; le détail de mes moïens va les résoudre.

L'OPÉRATION que je propose doit être précédée d'un Edit bien clair, bien détaillé, par lequel le Souverain exposera à ses Peuples la néceſſité de changer l'ordre de ſes Finances, & ſur-tout la forme des impôts & des perceptions, pour réduire tout à un ſeul & unique impôt uniforme ; l'on démontrera les vices de l'adminiſtration actuelle, ainſi que la charge dont les peuples ſont accablés & le déſir qu'on a de les ſoulager. L'on y dira que le ſeul moïen eſt d'établir une juſte proportion entre la Contribution & les Contribuables ; mais que, pour établir cette proportion, il faut connaître leurs facultés ; que le ſeul moïen de les connaître, eſt d'exiger d'eux la ſoumiſſion de païer annuellement dans la forme qui ſera preſcrite, & pour tenir lieu de tout impôt, une ſomme proportionnelle à leurs biens, à leurs revenus ou au produit de leur induſtrie ; enſuite on preſcrira la manière dont ces ſoumiſſions devront être faites & données : enfin, l'on annoncera d'une manière préciſe la franchiſe de toutes les denrées ſujettes aux impoſitions, telles que les boiſſons, le ſel, le tabac, &c.

CET Edit une fois promulgué, doit être envoïé, même affiché dans toutes les Villes, Bourgs, Villages & Hameaux du Roïaume, pour y être lu de tous les Habitans. La forme des ſoumiſſions ſera la même par-tout, mais la
manière

manière d'y procéder dans les Villes ou dans les Bourgs, Villages ou Hameaux ſera différente. Je commence par ceux-ci.

DANS les Bourgs, Villages & Hameaux, après la lecture qui ſera faite de l'Edit au Prône, ou à l'iſſue de Vêpres, il ſera indiqué par le Curé une aſſemblée extraordinaire & générale des Habitans, pour procéder à la formation & à l'arrêté du Rôle des Soumiſſions, dans lequel ne ſeront compris que les Pères de famille, les gens Veufs, les Orphelins jouiſſans des biens de leurs pères ou mères décédés, & les Célibataires des deux ſexes.

LES Rôles ou Bordereaux de Soumiſſions ſeront adreſſés tout imprimés, prêts à remplir & triples à tous les Curés; de ces trois Bordereaux une fois remplis, l'un ſera envoïé à l'Intendant de la Généralité; l'autre ſur lequel ſeront les ſignatures originales, reſtera pour minute dans les mains du Maire, ou du Sindic des habitans; & le troiſième dans celles du Curé.

CES Rôles contiendront d'abord le nom du Seigneur de la Paroiſſe, & ſa ſoumiſſion ne portera que ſur les biens qu'il poſſéde dans l'étendue de la Paroiſſe ſeulement : enſuite le nom du Curé ; ſa ſoumiſſion portera ſur tout le revenu de ſa Cure, & ſur ſes biens perſonnels s'il en poſſéde dans la Paroiſſe : s'il y a un Vicaire, il ſera placé après le Curé ; les Officiers de Juſtice, s'il en exiſte une ſur le lieu, ſeront inſcrits de ſuite ; après eux, viendront les habitans du lieu ſujets à taxe, leurs ſoumiſſions porteront ſur leurs biens fonds, maiſons, rentes de toute eſpèce, ainſi que ſur leur commerce ou leur induſtrie : enfin ſuivront les Etrangers qui poſſedent des biens dans le même territoire, & leur ſoumiſſion ne portera que ſur ces objets.

Le même Rôle contiendra, à la ſuite des Soumiſſions, le dénombrement des habitans réſidans dans l'étendue de la Paroiſſe ; j'expoſerai plus bas le motif de cette formalité très-eſſentielle.

Les Rôles ſeront dans la forme ſuivante, & ſeront remplis des noms des Contribuables avant la convocation de l'aſſemblée.

Rôle de Soumission Volontaire, Pour l'établissement de la Taille-generale d'Abonnement.

GÉNÉR. DE . . . . .

Bourg, Village, ou Hameau de . . . Paroisse de . . . Diocése de . . . Jurisdiction de . . .

Noms des Contribuables.						Sommes.	
A . . .	»	»	»	»	»	. . .	. .
B . . .	»	»	»	»	»	. . .	. .
C . . .	»	»	»	»	»	. . .	. .
D . . .	»	»	»	»	»	. . .	. .
E . . .	»	»	»	»	»	. . .	. .
F . . .	»	»	»	»	»	. . .	. .
Montant de la Soumission.						. . .	. .

Dénombrement des Habitans.

Hommes mariés	» » »	
Femmes mariées	» » »	
Hommes veufs	» » »	
Femmes veuves	» » »	
Garçons, ou Célibataires mâles . .	» » »	
Filles, ou Célibataires femelles . .	» » »	
Total des Habitans.	» » »	

Nous, Habitans de . . . susnommés, promettons & nous obligeons, en exécution de l'Edit du . . . de fournir annuellement au Roi, les sommes pour lesquelles nous sommes emploïés au présent Rôle : en foi de quoi nous avons signé ledit Rôle, demeuré pour minute entre les mains de . . . Sindic des Habitans de cette Paroisse. Fait en l'Assemblée extraordinaire, tenue cejourd'hui . . .

Nous, soussignés . . . Curé de la Paroisse, & . . . Sindic des Habitans de ce lieu, certifions la présente Soumission & le Dénombrement y joint, sincéres & véritables. Fait aud. . . . les jour & an susdits.

Si le Seigneur fait sa résidence habituelle dans sa Terre, alors sa soumission portera non-seulement sur les biens qu'il posséde dans sa Paroisse, mais encore sur les rentes & sur les redevances quelconques, dont il jouit dans le même territoire.

Les Étrangers qui posséderont des biens dans une Paroisse, & qui ne pourront se rendre à l'assemblée des habitans, auront la faculté de se faire représenter par qui bon leur semblera, toutefois avec un pouvoir signé d'eux, lequel contiendra la somme à laquelle ils consentiront de s'imposer pour les biens qu'ils posséderont dans le ressort de la Paroisse, & ces pouvoirs seront déposés entre les mains du Sindic des habitans, & annexés à la minute du Rôle.

Toutes ces formalités sont aussi simples dans leur exposé, que faciles dans leur exécution; elles n'exigent que de l'ordre & de l'attention : mais au moïen des formules qui seraient imprimées prêtes à remplir, la besogne se réduit à rien, & l'intelligence des Curés peut y suffire.

Il est aisé de voir, par ce qui précède, que la soumission ne porte point sur les *consommations*, mais seulement sur les Propriétés, le

Commerce & l'Induſtrie : l'on doit voir auſſi, 1°. que la Soumiſſion ou l'Abonnement ſe fait en raiſon de tous les biens fonds, dont tous les propriétaires paſſent néceſſairement en revue; 2°. que tous les Mains-mortables y paſſent également en raiſon de leurs propriétés quelconques, parce qu'en aboliſſant tous les impôts, le Don gratuit du Clergé doit être pareillement aboli.

IL réſultera de cette opération de très-grands avantages, le premier d'avoir le Dénombrement le plus complet du Roïaume, bien détaillé, bien ſpécifié, d'après lequel on pourra faire des ſpéculations très-juſtes ſur la population, l'agriculture & le commerce : le ſecond avantage ſera de connaître au vrai les facultés des contribuables, parce que, dans un même Village, les facultés reſpectives ſont auſſi connues que les propriétés, & que, dans une aſſemblée générale, l'amour-propre & la crainte empêcheront les contribuables de s'impoſer au-deſſous de ce qu'ils peuvent.

LE troiſieme & le plus grand avantage, c'eſt que l'Abonnement & l'Impoſition qui en ſera la ſuite, étant en raiſon des propriétés, ſi les propriétaires viennent à changer, l'impoſition ſera toujours la même.

L'ON ne manquera pas d'objecter qu'en suivant le Plan que je propose, tel citoïen qui a des propriétés situées dans vingt Villages différens, sera chargé de vingt impositions différentes; cela est vrai, mais ce n'est point un embarras pour lui, parce que cette imposition se païant toujours sur le lieu même, il n'en coûte rien aux Propriétaires de charger leurs Locataires ou leurs Fermiers, d'acquitter le montant de leur imposition : d'ailleurs, c'est un moïen sûr d'empêcher les Propriétaires de déguiser leurs propriétés, & de faire des soumissions inférieures à leurs véritables facultés.

VOILA pour ce qui regarde la campagne, & l'opération ne doit point paraître compliquée. Voici maintenant la maniere dont la même opération devra se faire dans les Villes.

TOUTE Ville est ordinairement composée de Clergé, de Noblesse & de Tiers-Etat ou de Bourgeoisie. A l'égard de ce dernier Ordre, il est composé de Marchands ou d'Artisans, qui font corps; d'Ouvriers, de Journaliers, & de la Bourgeoisie proprement dite.

POUR suivre un ordre exact, il convient que les Soumissions se fassent au Bureau de la

Ville; le Corps-de-Ville commencera par s'impofer en raifon des propriétés que chacun des membres poffède dans la Ville, foit en maifons, foit en rentes dans la Ville ou dehors. Enfuite le Corps-de-Ville doit convoquer, 1°. l'Ordre du Clergé, dans lequel feront comprifes toutes les Maifons Religieufes; 2°. l'Ordre de la Nobleffe; 3°. les Officiers de Juftice; 4°. les différens Corps & Communautés d'Arts & Métiers féparément; 5°. la Bourgeoifie fans état vivant de fon bien. 6°. Enfin les Ouvriers, Journaliers, &c. & toutes ces différentes claffes formeront des Rôles différens. Ceux qui ne pourraient point affifter à l'affemblée de leur Corps, s'y feraient repréfenter avec un pouvoir contenant leur foumiffion, lequel refterait dépofé au Bureau de la Ville.

MAINTENANT, comme les Soumiffions ne doivent porter que fur les Propriétés, le Commerce ou l'Induftrie, ceux des habitans des Villes qui ne pofféderaient point de maifons, qui n'auraient ni rentes, ni commerce, ni induftrie, & dont les biens feraient fitués ailleurs, ne feraient tenus de faire aucune foumiffion, mais fimplement de déclarer que leurs biens font fitués à tel endroit où ils ont déja fait leur soumission. Cette précaution est nécessaire pour empêcher les contribuables de chercher à se soustraire à l'imposition; & si, dans la suite, on découvrait qu'ils eussent voulu cacher leurs proprietés pour se soustraire, alors ils seraient taxés d'office, & pourraient être condamnés en une amende quelconque, toute au profit du Dénonciateur, & *affichés comme mauvais Citoïens.*

COMME il n'y a que les Chefs de famille ou Maîtres de maison, qui sont dans le cas de faire leur soumission, & d'être imposés aux charges de l'Etat, ils seraient tenus de déclarer le nombre de personnes des deux sexes mariées, veuves, célibataires, enfans ou domestiques dont leur maison est composée, y compris ceux qui ne sont que momentanément absens, afin d'avoir un dénombrement exact des habitans des Villes, comme de ceux de la campagne. L'on ne comprendrait point dans le dénombrement, les Etrangers ou voïageurs, parce qu'ils seraient compris dans celui du lieu de leur résidence ordinaire.

SI ce Plan avait son exécution, il faudrait que, dans toutes les Villes du Roïaume, les habitans fussent divisés en classes; savoir, celle du Clergé, de la Noblesse, &c. classes qui formeraient autant de Corps avec un Chef annuellement électif, afin de pouvoir régler & arrêter chaque année le Rôle de ce que chaque Corps ſerait tenu de païer. Ce ſerait même un moïen ſûr pour que perſonne ne pût échapper à la contribution, parce que chacun ſerait obligé de ſe faire enregiſtrer dans le Corps dont il ferait partie, & celui qui en ſerait le Chef ſerait chargé de la Recette, de la même maniere que la Capitation ſe païe à Paris dans chaque Communauté d'Arts & Métiers: ce moïen ſimplifierait beaucoup les opérations.

En effet, tel ſiſtême d'impoſition que l'on veuille jamais adopter, le moïen de ſimplifier la perception ſera toujours de claſſer les citoïens des différens Ordres, & d'en former des eſpèces de Tribus, parce qu'alors le Gouvernement n'eſt plus obligé d'entrer dans le détail infini des contribuables; tout ſe borne au nombre des différentes Claſſes ou Tribus.

A l'égard des Rôles de Soumiſſion des Villes, ils ſeraient doubles; l'un reſterait pour minute au Bureau de la Maiſon de Ville, l'autre ſerait envoïé au Bureau de l'Intendance du Reſſort, certifié conforme & véritable par les Officiers municipaux. Ces Rôles ſeraient faits dans la forme ſuivante.

GÉNÉR.
DE
......

RÔLE DE SOUMISSION VOLONTAIRE, Pour l'établissement de la Taille-Générale d'Abonnement.

VILLE DE......

Soumission de........[la Noblesse, du Clergé, ou du Tiers-Etat.]

Noms des Contrib.	Hommes mariés.		Femmes mariées.		Hommes veufs.		Femmes veuves		Garçons, ou célibatai.		Filles, ou célibatai.		Montant des Soumissions.		
A..	»	»	»	»	»	»	»	»	»	»	»	»	»	»	»
B..	»	»	»	»	»	»	»	»	»	»	»	»	»	»	»
C..	»	»	»	»	»	»	»	»	»	»	»	»	»	»	»
D..	»	»	»	»	»	»	»	»	»	»	»	»	»	»	»
E..	»	»	»	»	»	»	»	»	»	»	»	»	»	»	»
F..	»	»	»	»	»	»	»	»	»	»	»	»	»	»	»
G..	»	»	»	»	»	»	»	»	»	»	»	»	»	»	»
H..	»	»	»	»	»	»	»	»	»	»	»	»	»	»	»
I..	»	»	»	»	»	»	»	»	»	»	»	»	»	»	»
L..	»	»	»	»	»	»	»	»	»	»	»	»	»	»	»
M..	»	»	»	»	»	»	»	»	»	»	»	»	»	»	»
N..	»	»	»	»	»	»	»	»	»	»	»	»	»	»	»
O..	»	»	»	»	»	»	»	»	»	»	»	»	»	»	»
TOTAUX	»	»	»	»	»	»	»	»	»	»	»	»			
TOTAL des Soumissions.													»	»	»

Récapitulation du Dénombrement.

Homme mariés.	»
Femmes mariées.	»
Hommes veufs.	»
Femmes veuves.	»
Garçons, ou Célibataires mâles.	»
Filles, ou Célibataires femelles.	»
TOTAL général des Habitans. . . .	»

CERTIFIÉ & affirmé véritable & conforme à l'original déposé au Bureau de l'Hôtel-de-Ville, par Nous, Maire & Echevins soussignés. Fait au Bureau de la Ville, le.....

A l'égard des grandes Villes, telles que Paris, Lyon, Rouen, Bordeaux, &c. l'opération eſt un peu plus difficile, à cauſe du nombre des habitans & de la multiplicité des Corps, mais il y a une maniere différente de procéder; comme les différens Etats forment Corps, alors chaque Corps s'aſſemblera pour ſe taxer lui-même, & remettra au Bureau de la Ville un double du Rôle des ſoumiſſions, l'autre reſtera au Bureau de la Communauté. L'on peut même aſſujettir les Communautés d'Arts & Métiers de former le Rôle des Compagnons de chaque métier, parce que l'Impôt aïant lieu, chaque Maître ſera tenu d'acquitter la contribution à laquelle ſes Compagnons ſeront impoſés, ſauf à la retenir ſur leur ſalaire. A l'égard du Clergé, les aſſemblées ſe tiendront chez les Curés, & les contribuables, y compris les Maiſons Religieuſes ou leurs Chefs, ſeront tenus de ſe rendre à jour indiqué chez le Curé de leurs Paroiſſes reſpectives, & feront leurs ſoumiſſions, dont un double ſera envoïé au Bureau de la Ville, l'autre reſtera dans les mains du Curé. La Nobleſſe s'aſſemblera chez le Gouverneur, & donnera de même ſa ſoumiſſion, dont un double ſera pareillement envoïé au Bureau de la Ville, l'autre reſtera dans les mains du Gouverneur ; enfin tout ce qui s'appelle Bourgeoisie & Journaliers, feraient leur soumission chez les Receveurs de Capitation à jour fixe, sur l'avertissement qui leur serait envoïé ; ceux qui ne se présenteraient point pour faire leur soumission, seraient imposés d'office sans espoir de modération. Le double de ces dernieres soumissions serait envoïé de même au Bureau de la Ville, & l'original resterait dans les mains du Receveur. Tous les Propriétaires de maisons seraient en outre obligés de donner une déclaration précise du nombre de personnes qui les occupent, & de la remettre, soit aux Receveurs de Capitation, soit au Bureau de la Ville pour completter le Dénombrement.

Cette opération faite uniformément par tout le Roïaume, il serait envoïé un double du Rôle général de chaque endroit aux Intendans respectifs. Les Rôles des grandes Villes contiendraient seulement le montant des Rôles particuliers, pour ne point faire un volume de noms : ensuite on formerait dans chaque Intendance un Bordereau général des Rôles particuliers de chaque Ville, Bourg, Village ou Hameau du ressort, pour être dressé au Ministre, dans la forme suivante.

BORDEREAU GÉNÉRAL
DES RÔLES DE SOUMISSION VOLONTAIRE.

Noms des Villes.	Montant des soumissio.	DÉNOMBREMENT GÉNÉRAL. Hommes mariés.	Femmes mariées.	Hommes Veufs.	Femmes Veuves.	Garçons, ou Célibatai.	Filles ou Célib tai.
A . .	» »	» »	» »	» »	» »	» »	» »
B . .	» »	» »	» »	» »	» »	» »	» »
C . .	» »	» »	» »	» »	» »	» »	» »
D . .	» »	» »	» »	» »	» »	» »	» »
Noms des Bourgs.							
A . .	» »	» »	» »	» »	» »	» »	» »
B . .	» »	» »	» »	» »	» »	» »	» »
C . .	» »	» »	» »	» »	» »	» »	» »
D . .	» »	» »	» »	» »	» »	» »	» »
Noms des Villages.							
A . .	» »	» »	» »	» »	» »	» »	» »
B . .	» »	» »	» »	» »	» »	» »	» »
C . .	» »	» »	» »	» »	» »	» »	» »
D . .	» »	» »	» »	» »	» »	» »	» »
E . .	» »	» »	» »	» »	» »	» »	» »
TOTAUX	» » »	» » »	» » »	» » »	» » »	» » »	» » »

Récapitulation du Dénombrement.

Hommes mariés » » » » » » » »	. . .
Femmes mariées » » » » » » »	. . .
Hommes veufs » » » » » » » »	. . .
Femmes veuves » » » » » » » »	. . .
Garçons, ou Célibataires mâles » » »	. . .
Filles, ou Célibataires femelles » » » »	. . .
TOTAL du Dénombrement de la Généralité.	» » »

CERTIFIÉ véritable & conforme aux originaux déposés en nos mains, par Nous Chevalier, Conseiller du Roi, en tous ses Conseils, Maître des Requêtes ordinaire de son Hôtel, Intendant de Justice, Police & Finance, & Commissaire départi en la Généralité de . . . . Fait à . . . . le . . . .

GÉNÉR. DE . . . . .

LES différens Bordereaux une fois parvenus au Miniſtre, l'on formerait un tableau général du montant des Soumiſſions de chaque Généralité. Ce tableau, comparé à celui des dépenſes annuelles, juſtifierait dans l'inſtant ſi les Soumiſſions ſont ſuffiſantes ou non; &, dès-lors en réglant le montant de l'impoſition à établir, on ſerait ſûr de pouvoir la fixer avec juſteſſe, & qu'elle ſerait dans toutes les hipothèſes, proportionnée aux facultés des Contribuables.

IL faut obſerver qu'en fixant l'Etat des dépenſes futures ſur celui des dépenſes actuelles, il y aurait néceſſairement une erreur, en ce que, comme je l'ai déja dit, en païant à l'avenir tout comptant, les objets de dépenſes deviendraient beaucoup moins chers : d'un autre côté, la diminution conſidérable de droits ſur tous les objets de dépenſes, opérerait néceſſairement une diminution réelle ſur leur prix; mais on ne pourrait connaître le réſultat de cette différence qu'au bout de la premiere année.

IL faut obſerver encore qu'outre le montant des dépenſes, il conviendrait d'ajouter VINGT À VINGT-CINQ MILLIONS en ſus du montant de l'Impoſition; cette ſomme ſerait destinée, 1o. à fournir des encouragemens, ou à donner des récompenses aux Cultivateurs, aux Artistes & aux Négocians, 2°. à réparer l'effet des accidens de force majeure qui peuvent arriver dans le Roïaume, tels que les inondations, les incendies, les dévastations dont tout un canton se trouve souvent affligé. Il est dans l'ordre de l'humanité que ces sortes d'événemens qui intéressent la Nation entiere, soient réparés par la Nation en général, parce que les mêmes malheurs peuvent d'un instant à l'autre en affliger tous les membres en particulier; par-là, l'on abolirait l'usage des Quêtes permises en pareil cas, secours souvent bien faible & plus souvent mal administré.

JE dois observer enfin qu'outre les VINGT-CINQ MILLIONS que j'ajoute au montant des dépenses annuelles, il faut encore y joindre pendant un certain tems une somme annuelle pour opérer l'amortissement des dettes de l'Etat; or cet objet, en suivant l'ordre de mon sistême, formerait, en commençant, un capital annuel d'environ SOIXANTE-DIX-HUIT MILLIONS, capital qui diminuerait au bout d'un certain tems, & qui cesserait ensuite d'être ajouté à l'Imposition; je reviendrai sur cet article.

VOILA en peu de mots à quoi ſe réduit mon Siſtême, pour parvenir à fixer une impoſition uniforme, & à la répartir avec la juſteſſe qui doit faire la baſe principale de tout impôt.

MAIS je dois prévenir une objection que l'on ne manquera pas de me faire. En laiſſant aux Citoïens, me dira-t-on, la liberté de s'impoſer eux-mêmes, c'eſt leur laiſſer le moïen de ſe taxer fort au-deſſous de leurs facultés; de ſorte que de deux choſes l'une, ou le réſultat des impoſitions ſerait très-inſuffiſant, ou la balance ne ſerait point juſte entre la contribution de ceux qui ſe ſeraient impoſés fidellement, & la ſoumiſſion de ceux qui ſe ſeraient impoſés au-deſſous de ce qu'ils pouvaient faire. A cet égard je conviens de très-bonne foi que c'eſt dans l'ordre des choſes très-poſſibles ; mais en admettant au premier cas que le montant des ſoumiſſions ſoit inſuffiſant, je couvre le vuide par une augmentation proportionnelle ou un ſupplément reparti au marc la livre; &, dans tous les cas, je ſerai ſûr de ne pas excéder les facultés des contribuables : au ſecond cas, malgré l'inexactitude de la balance, perſonne ne ſera réellement foulé; c'eſt là l'objet eſſentiel.

CEPENDANT

CEPENDANT il faut obſerver que, par la forme que je propoſe, les Propriétaires d'immeubles réels ne peuvent point échapper ni déguiſer leurs facultés, parce qu'elles ſe trouvent forcément détaillées ; il n'en eſt pas à la vérité de même des Propriétaires d'immeubles fictifs, ni des gens à Porte-feuilles. Quant aux premiers, ils ne peuvent pas échapper long-tems, & j'ai un moïen très-ſimple de les découvrir par la formalité de l'Inſinuation ; quant aux autres, je les découvre forcément par le rembourſement des papiers Roïaux.

MAIS j'ai un argument plus ſimple à oppoſer à cette objection. J'ai dit que le Français était généreux, qu'il aimait ſes Maîtres, qu'il était bon Sujet, & conſéquemment bon Citoïen ; je n'ai rien dit de trop : j'en ai la preuve, ainſi que la Nation entiere, dans l'empreſſement patriotique avec lequel tous les citoïens, à l'exemple de leur Souverain, ont fait le ſacrifice de leur vaiſſelle : j'ai la même preuve dans le zele avec lequel, dans un tems où notre Marine était chancelante, ils ſe ſont généreuſement efforcés de la ſoutenir, en fourniſſant au Roi les vaiſſeaux dont il pouvait avoir beſoin ; aucun ordre, aucune contrainte ne forçait les Citoïens ; mais il s'agiſſait de l'intérêt du Prince & de la gloire de la Nation : cette contribution volontaire des Sujets ne devait point être altérée ou diminuée, en paſſant par des mains étrangeres; c'eſt par cette raiſon qu'ils faiſaient avec ardeur des ſacrifices auſſi conſidérables. Je pars de là ; lorſque le Souverain demandera les impôts néceſſaires au ſoutien de ſon Roïaume, qu'il tâchera d'établir la plus parfaite égalité dans la contribution, & ſur-tout, lorſque le peuple ſera certain que les efforts qu'il fera, ne ſeront en pure perte ni pour le Souverain ni pour lui-même, que les deniers ne ſeront point diſperſés, qu'ils auront au contraire une deſtination toujours réelle, toujours utile & toujours effectuée, quel eſt le citoïen aſſez lâche pour ne pas remplir le vœu du Prince, & correſpondre à ſes bontés ? Je conviens qu'il ſe trouve quelquefois des *Cancres* dans la ſociété ; mais ne ſont-ils pas aſſez punis par le mépris général de la Nation, & par la qualification de MAUVAIS CITOÏENS ?

IL me reſte à faire, en terminant cet article, une obſervation très-délicate. Il exiſte dans le Roïaume un genre d'impôt conſidérable

& d'autant plus lourd, qu'il ne tombe que ſur les Cultivateurs, ce ſont les dîmes qui font annuellement un capital de trente millions au moins, dont la majeure partie n'eſt point emploïée à ſa véritable deſtination. Nombre de Curés de campagne trouvent à peine dans leur état une ſubſiſtance phiſique, tandis que les gros Décimateurs, déja riches d'ailleurs, abſorbent ſans peine & ſans utilité le prix des travaux pénibles du Miniſtère ſacré.

Ceux qui ſont emploïés dans cet auguſte Miniſtère, n'y doivent point éprouver les beſoins, ils y doivent tenir au moins le juſte milieu entre la miſère & l'opulence; autrement, c'eſt les abandonner à l'aviliſſement, & dégrader ce que leur fonction a de plus reſpectable. L'entretien des Curés & des Paroiſſes eſt une charge publique, à laquelle chacun doit contribuer également. Ne ſerait-il pas dans les principes d'une équité ſcrupuleuſe, de remédier à un pareil inconvénient, d'aſſurer à chaque Curé de campagne une ſubſiſtance honnête, & de fixer leurs honoraires d'une maniere convenable? On pourrait en conſéquence porter à 1500 liv. toutes les Cures qui ſont au-deſſous; à 2000 liv. celles qui ſont moindres, & à 2500 liv. toutes celles qui passent 2000 liv. Il faut considerer, dans cette fixation, que les Curés de campagne sont obligés d'administrer des secours aux indigens & aux malades de leurs Paroisses, & qu'il convient de les mettre en état de le faire. Il serait également à désirer que l'on fixât de même les honoraires des Curés & du Clergé des Villes, afin de supprimer les rétributions des cérémonies religieuses, & de rendre le Service divin absolument gratuit. Je ne présente cet objet que par forme d'observation ; mais s'il faisait assez de sensation pour être approfondi & mis à exécution, il faudrait ajouter à la masse de l'Imposition, ce qu'il en coûterait annuellement pour y faire face, & le Roi serait alors chargé du paiement. Il faudrait également décharger les gros Décimateurs & les Curés de l'entretien & des réparations dont ils sont chargés en cette qualité, pour ajouter de même cet objet aux charges publiques, & conséquemment à l'Imposition.

Je vais passer maintenant aux moïens de percevoir l'Imposition, dont je viens de détailler le Sistême.

PLAN
DE PERCEPTION.

L'on a vu, par ce qui précède, de quelle maniere je proposais de répartir l'Imposition ; le moïen d'en faire le recouvrement général & le versement au Trésor Roïal, est aussi simple & doit l'être.

Il faut, autant que faire se peut, éviter le transport de l'argent & l'accumulation dans les caisses, parceque c'est apporter un retard à l'activité de la circulation qui n'en doit point éprouver ; il faut éviter de même les régies embarrassantes & dispendieuses, en un mot simplifier les objets, autant qu'ils peuvent l'être. Or il est un moïen d'y réussir & de faire la Perception générale des Finances sans aucuns frais, ou, pour mieux dire, à moins de 100,000 liv. de dépenses.

Premierement, dans les Bourgs, Villages & Hameaux, la Recette se ferait comme partout ailleurs, en quatre termes, de trois en trois mois, c'est-à-dire, le premier Dimanche de chaque trimestre. Là, dans l'assemblée générale qui serait annoncée & indiquée le Dimanche précédent, chacun apporterait le montant du quart de la contribution à laquelle il ſerait impoſé. Si, par haſard, il ſe trouvait quelque non-valeur, elle ſerait répartie dans l'inſtant au marc la livre ſur tous les contribuables, parce que le montant de la recette doit toujours être le même. La recette ſerait faite par le Maire ou le Sindic des habitans : une fois faite, le Sindic en irait porter le montant au Bureau de la Ville la plus prochaine, ſuivant l'ordre qui ſerait établi dans chaque Intendance, & il recevrait la quittance ou décharge des Officiers municipaux qui en demeureraient chargés.

Secondement, dans les Villes, les différens Ordres étant ou devant être rangés par corps, la recette ſerait faite également tous les trois mois à jour fixe, par celui qui ſerait à la tête ou qui ſerait prépoſé par le Corps. La recette faite, alors chaque Sindic ou Prépoſé ferait ſon verſement au Bureau de la Maiſon-de-Ville, ſous la décharge des Officiers municipaux qui en feraient chargés. Ceux ci feraient à leur tour le verſement au tréſor de l'Intendance du Reſſort, & feraient parvenir de ſuite la recette par la Poſte & ſans frais; on pourrait avoir le ſoin de faire eſcorter l'envoi par un détachement de Maréchauſſée.

TROISIEMEMENT, dans chaque Intendance, le Secrétaire ou le premier Subdélégué, résident au Chef-lieu, recevrait les versemens de tout l'arrondissement de sa Généralité, pour verser lui-même directement au Trésor Roïal; on pourrait lui donner le titre de *Trésorier de la Généralité*, avec deux ou 3000 liv. d'augmentation d'appointemens, qui lui feraient une place fort agréable, sans un grand surcroît de peine.

MAINTENANT quant au versement à faire au Trésor Roïal, l'opération serait fort simple. Comme toute la dépense de l'Etat ne se fait & ne se paie point dans Paris, & que la majeure partie se paie en Province, au lieu de délivrer des fonds sur les Ordonnances, comme il est d'usage, on délivrerait des Assignations à jour fixe sur le Trésor de la Généralité où la dette serait paiable ; ce serait une facilité pour les créanciers que l'on pourrait paier ainsi tout de suite, & sans attendre l'échéance du quartier des impositions ; ce serait de même une facilité pour les opérations du Trésor Roïal, & il y aurait par ce moïen bien moins de transport d'argent à faire ; on pourrait même l'éviter entiérement, dans le cas où, après l'acquittement de toutes les

Assignations, il resterait encore des fonds dans les mains des Trésoriers; ce serait, après avoir arrêté l'Etat des Traites sur chaque Généralité, de faire afficher à la Bourse l'état des sommes restantes entre les mains de chaque Trésorier, afin que le Public qui aurait besoin de Papier sur l'une ou l'autre Généralité, vînt en prendre au Trésor Roïal; & par ce moïen il ne resterait aucuns fonds à faire transporter.

Par ce moïen, aussi simple que facile, il est évident que la perception des deniers Roïaux & les versemens se feraient avec la plus grande simplicité, la plus grande exactitude & la plus grande uniformité. Par la même raison, il est aisé de voir que les Trésoriers de tous les genres deviennent absolument inutiles, & qu'ainsi l'on épargnerait annuellement les frais considérables qu'entraine le détail de leur exercice, en réduisant tout à un seul Trésorier-Général.

LIQUIDATION
DES DETTES DE L'ÉTAT.

Après avoir pourvu à la maniere d'imposer & de percevoir, il reste encore une tâche considérable à remplir, c'est le païement des Dettes, objet d'autant plus conséquent, que la fortune d'un tiers des familles du Roïaume en dépend; c'est l'objet le plus embarrassant en apparence.

Les Dettes de l'Etat, y comprise la finance de toutes les Charges du Roïaume, forment un capital d'environ deux milliards & demi à trois milliards. A supposer qu'on établît une Caisse d'Amortissement, & que l'on consacrât annuellement cent millions à l'extinction des dettes, ce serait une opération de vingt-cinq à trente années, pendant lequel tems il faudrait encore païer annuellement l'intérêt du restant de la dette, c'est une opération trop longue & trop dispendieuse. Il faut, comme je l'ai dit, un remede plus prompt; d'ailleurs l'Etat ne pourrait point suffire à cette forme d'amortissement, la charge serait trop lourde; en remboursant chaque année un moindre capital, ce serait encore pire. Il faut un autre moïen.

L'on en a proposé de beaucoup d'espèces, mais tous impraticables; des créations de Banques, de Papiers, de Billets; des extinctions graduelles de la dette nationale & d'autres expédiens aussi mal vus. En effet, 1°. le Papier ne fera jamais fortune en France, parce que la confiance n'y est point ; d'ailleurs les intérêts, même à cinq pour cent, sont trop considérables, & nuiraient au progrès de la liquidation. 2°. Toute opération qui tendrait à faire perdre la moindre chose aux créanciers de l'Etat, est un projet à rejetter, parce qu'il est indécent de proposer à l'Etat de faire banqueroute en détail. Il serait même à désirer pour l'honneur de la Nation, que l'on acquittât ce qui reste encore dû des regnes de François I, de Charles IX, de Henry IV, de Louis XIII & de Louis XIV.

NON seulement il faut rembourser les dettes, mais encore il faut les rembourser en argent, tout autre parti doit être rejetté ; il faut même opérer ce remboursement dans le plus court espace de tems possible. Mais comme la masse de la dette nationale est de deux à trois fois plus considérable que la masse de l'espèce circulante, il paraîtrait impossible de rembourser en moins de cinq à six années.

CEPENDANT il existe un moïen assuré d'opérer le remboursement de la dette nationale *en argent*, dans un moindre espace de tems ;

ce moïen dépend d'une opération de finance absolument neuve ; opération avantageuse à l'Etat, très-avantageuse au Public & de la plus grande simplicité dans son exécution. Un capital annuel de soixante-dix-huit millions pendant un tems, & moins considérable dans la suite, est la base de l'opération & en assure le succès. Par ce moïen, dans un espace de quatre à cinq années, il est possible de tout rembourser en argent ; le tems nécessaire à la circulation des espèces, empêche de pouvoir opérer plus promptement.

A l'égard de ce moïen & du Plan d'opération qui en est la suite, j'ai cru devoir en réserver l'exposition & les détails pour la seconde partie de cet ouvrage, dans laquelle je traiterai successivement tous les autres objets relatifs au Département & au Ministère des Finances. Tout ce que je puis assurer, & l'on en jugera d'après ma maniere de voir & d'après les principes que j'ai posés jusqu'ici, le succès est de la plus grande certitude, & le Plan de mon opération est fondé sur les mêmes principes que ce qui précède. Il me reste encore un dernier objet à traiter, & c'est par où je terminerai cette premiere Partie.

SUPPRESSION GÉNÉRALE DE LA FINANCE ACTUELLE.

IL eſt évident, d'après ce qui précède, que tout ce qui a trait à la forme & à la régie actuelles des finances, doit éprouver une ſuppreſſion générale ; mais il faut l'opérer avec juſtice comme avec prudence.

LES innovations quelconques dans un Etat, opèrent toujours une révolution plus ou moins conſidérable ; mais il eſt de l'intérêt du Gouvernement qu'elle ſoit inſenſible, & qu'elle ne produiſe point une commotion trop marquée, parce qu'il faut prévenir à la fois & la fermentation des eſprits, & le déſeſpoir des familles, & le mécontentement public.

EN ſupprimant toutes les places de la Finance, il eſt conſtant que c'eſt enlever l'état à un grand nombre de citoïens ; mais il faut concilier l'intérêt particulier avec le bien général, & tout eſt poſſible quand on veut le bien.

EN penſant différemment, je pourrais dire que, lorſqu'à la ſuite d'une guerre, le Souverain licencie 60 ou 80000 hommes, il ne s'embarraſſe point de ce qu'ils doivent devenir, & qu'ainſi, de même il peut licencier tous les ſujets attachés à la Finance, ſans en concevoir plus d'inquiétude, & je trouverais beaucoup de gens de mon avis; mais la comparaiſon ne ſerait rien moins que juſte. En effet, il n'eſt pas difficile à un ſoldat qui n'a ni femme ni enfans, de trouver un état auſſi lucratif que celui qu'il abandonne; mais il ſerait très-difficile à des Emploïés de la Ferme de trouver après la réforme un état quelconque. Ajoutez à cela que nombre d'entr'eux ſont chargés de famille, qu'ils ont pour la plupart conſumé leur jeuneſſe au ſervice de la Ferme, qu'ils ont paſſé ſucceſſivement par toutes les places rebutantes, qui ſont l'école de la Finance, pour parvenir à un emploi ſtable, qui puiſſe être la récompenſe & le terme de leurs travaux: il y aurait conſéquemment de la barbarie & de l'inhumanité à ne point pourvoir à leur ſort. Mais, à cet égard, j'ai tâché de pourvoir à tous.

1°. QUANT aux Tréſoriers de tous les genres, ils ont des Offices dont la finance eſt conſidérable, ils n'ont beſoin d'aucune retraite; il faut les rembourſer en argent, & le plutôt poſſible ſera le mieux.

2°. QUANT aux Receveurs-Généraux des Finances, ils ont par eux-mêmes une fortune considérable & certaine; ils ont, en outre, la Finance de leurs Offices,& des fonds d'avance également considérables, ils n'ont besoin de rien

3°. LES Receveurs des Tailles, du Vingtieme, des Domaines & Bois, & autres, ont un fond réel dans le prix de leurs Charges, qui suffit pour les faire vivre agréablement en en faisant un autre emploi : ils n'ont encore besoin de rien, il suffit de les rembourser.

4°. A l'égard des Receveurs de Capitation qui ne sont qu'en commission, il faut les dédommager en leur donnant le tiers du produit de leur place, de la maniere que je le dirai ci-après, à l'article des Emploïés de la Ferme-Générale.

5°. QUANT aux Fermiers-Généraux, l'on prévoit ce que je dois en dire; outre la fortune personnelle dont ils jouissent, en leur remboursant leurs fonds d'avance qui sont considérables, il leur reste encore un bien-être au-dessus de la fortune ordinaire des citoïens placés dans la classe des riches aisés. Il faut néanmoins convenir d'une vérité, c'est que tous ne sont point propriétaires de leurs fonds d'avance, & qu'il en eſt dont la fortune perſonnelle eſt très-bornée ; mais je vais, dans un inſtant, leur préſenter un tableau d'indemnité, qui peut les conſoler de la perte de leurs places.

6°. QUANT à tous les Emploïés de la Ferme, c'eſt un autre objet : leur poſition eſt différente, il faut les dédommager. J'en excepte néanmoins les *Entrepoſeurs* du ſel & du tabac, parce que leur fonction n'eſt point un emploi, & qu'en ſupprimant la Finance & la Ferme générale, ils ont la même reſſource.

MAIS à l'égard des Emploïés, il convient que ceux dont les Emplois & gratifications n'excédent pas 600 liv. aïent leur retraite ſur le même pied ſans réduction ; que depuis 6 juſqu'à 1200 liv. ils aïent les trois quarts ; depuis 1200 liv. juſqu'à 2000 liv. les deux tiers ; depuis 2000 liv. juſqu'à 4000 liv. la moitié ; depuis 4000 liv. juſqu'à 12,000 liv. le tiers ; & depuis 12000 liv. le quart de retraite ; & cette charge réelle pour l'Etat, fait, dans mon Siſtême, partie des ſoixante-dix-huit millions que je deſtine annuellement à la libération des dettes. J'ai en outre un moïen d'emploïer ces penſions ou retraites dans mon Plan de Liquidation, de maniere à pouvoir procurer aux Emploïés, ainſi qu'aux Receveur de Capitation ſupprimés, un avantage réel & plus conſidérable, qu'ils n'auraient pu s'e promettre par la conſervation de leurs Em plois.

A l'égard des Fermiers-Généraux, ils peu vent, malgré la ſuppreſſion de leurs places trouver dans cette ſuppreſſion même un avan tage preſqu'équivalent, & le voici. Le com merce du ſel & du tabac qu'ils font excluſivemen aujourd'hui, rien ne les empêcherait alors d le continuer par concurrence. Le débit d ſel peut être porté ſans exagération à 40 milliers de livres par jour dans le Roïaume en ſuppoſant le bénéfice net alors à raiſon d'u ſol par livre, ce ſerait 20,000 liv. par jour & par an ſept millions 300 mille livres d bénéfice.

On peut, quant au tabac, ſuppoſer ſix mil lions de Conſommateurs dans le Roïaume qui, à raiſon d'une demi-livre chacun pa mois, uſeront 36 millions de livres de taba par an. M. de Forbonnais évalue les Conſom mateurs à quatre millions, qui, l'un dans l'au tre, uſent cinq livres de tabac par an, ce qu porte la conſommation à 20 millions ſeule ment; mais ſon calcul eſt infiniment trop bas

E

En reprenant ma ſuppoſition, déterminant la conſommation à 36 millions & fixant le bénéfice de la Compagnie à 4 ſols par livre, tous frais faits, il en réſulte encore une ſomme annuelle de 14 millions 400 mille livres; or, réuniſſant enſemble le bénéfice du ſel & celui du tabac, ces deux objets doivent produire annuellement 21 millions 700 mille livres.

JE ſuppoſe maintenant, qu'à cauſe de la concurrence & de la liberté du commerce de ces denrées, la Compagnie des Fermiers-Généraux actuels ne conſervât que la moitié de ce commerce, il réſulterait toujours en ſa faveur un bénéfice de dix à onze millions, qui formerait à chacun des Aſſociés un produit annuel de plus de cinquante mille écus, & ſupérieur à celui qu'ils retirent actuellement de l'exploitation du Bail-général des Fermes du Roi.

IL eſt très-conſtant que, malgré la liberté rendue au commerce du tabac & du ſel, une Compagnie auſſi riche que celle des Fermiers-Généraux, conſtamment en état de faire ſes achats au comptant, ſoutenue d'ailleurs par une régie bien établie & bien montée, balancera toujours la concurrence, parce qu'aucun commerçant ne peut être en état de lutter contre elle; conséquemment, les Fermiers-Généraux doivent, malgré la concurrence, assimiler la solidité de leur Compagnie à un Privilege exclusif, & c'est de-là qu'ils doivent partir pour juger du bénéfice d'une entreprise aussi lucrative ; ils verront, alors, que ces deux branches de commerce, dont ils ont l'avantage d'être déja en possession, les dédommagent, & au-delà, de la perte de leurs places. Ainsi, dans tous les cas possibles, la suppression de la Ferme-générale ne peut porter une atteinte réelle à la fortune des Intéressés.

D'AILLEURS tout ce qui compose aujourd'hui la haute Finance, est un assemblage de Citoïens trop honnêtes, pour ne pas faire au bien du Souverain & à celui de l'Etat entier, un sacrifice généreux de leurs intérêts personnels, & pour ne pas concourir au bonheur général de la Nation.

OBSERVATIONS

SUR LE LUXE.

IL me reste encore en terminant cette Partie à présenter quelques idées sur un objet qui touche de près à la Finance politique, en ce que celle-ci touche immédiatement au bien du commerce, je veux dire ſur le Luxe. Tous les prétendus Réformateurs ou Philoſophes, ont déclamé contre le Luxe, ont cherché les moïens de le proſcrire, ſans conſidérer ſi l'intérêt politique de l'Etat, ſi les véritables principes du commerce exigeaient cette proſcription, ou ſi, plutôt, ils n'exigeaient point le contraire.

Dans des tems plus reculés où l'on n'avait aucune idée de commerce, d'émulation, d'induſtrie, l'on a fait des loix ſomptuaires pour régler le Luxe d'après les rangs; on a pouſſé les choſes juſqu'à déterminer ce que chacun ſuivant ſon état devait manger à ſa table : mais on ne combinait point en cela le tort ou l'avantage politique qui pouvait en réſulter.

La diſtinction des rangs & des états ſerait une choſe utile, & facile à opérer ſans nuire à l'entretien du Luxe, qui eſt d'une indiſpenſable néceſſité : je n'en donnerai point ici les moïens qui ſont très-ſimples, pour ne point m'écarter de mon objet; je le ferai dans la ſuite.

Je dis que le Luxe eſt utile, & je le prouve. En effet, 1°. ſans le ſecours du Luxe, à quoi veut-on emploïer les Citoïens? tous ne peuvent point être cultivateurs, car il n'y aurait point assez de terres dans le Roïaume: tous ne peuvent pas embrasser l'un des métiers utiles qui sont en très-petit nombre, tels que ceux de Boucher, de Boulanger, de Cordonnier, de Tailleur, de Maçon, &c. parce que tous ces différens métiers sont déja trop abondans en sujets. Que feront-ils donc pour vivre? Il faut de toute nécessité se replier sur l'industrie, & chercher, dans les objets superflus, une ressource qu'on ne peut trouver dans ceux de premiere nécessité. Mais tous les objets d'industrie entrent dans la classe de ceux de luxe.

2°. La circulation des espèces est le premier ressort qui fait mouvoir tout un Etat, elle est conséquemment indispensable; mais si on la restraint aux seuls objets de nécessité, dès-lors elle devient trop bornée pour pouvoir s'étendre par tout; quel usage feraient donc les Capitalistes réduits à des économies forcées? Leurs fonds resteraient oisifs entre leurs mains, parce qu'ils manqueraient d'objets pour en faire un emploi utile; d'ailleurs à quoi l'augmentation de revenus pourrait-elle leur servir, lorsque les objets de dépense diminueraient?

3°. En ne permettant les dépenses de luxe

qu'aux perſonnes diſtinguées par leur naiſſance ou par leur rang, c'eſt les circonſcrire dans des bornes d'autant plus limitées, que les perſonnes les plus diſtinguées, ne ſont pas toujours celles qui ſont le plus en état de ſe livrer aux dépenſes de luxe; dès-lors, c'eſt retomber dans le même inconvénient, & borner abſolument la circulation.

4o. LE commerce de tous les Païs ſe fait par la vente ou par l'échange des productions nationales, ſoit naturelles, ſoit d'induſtrie. Pour tirer des denrées ou des productions étrangères, il faut échanger avec les nationales, ou païer en argent : or, ſans le ſecours des échanges, la Nation qui acheterait en argent, ſe ruinerait inſenſiblement. Mais pour échanger, il faut avoir, comme je l'ai dit, des productions naturelles ou d'induſtrie; or, pour faire le commerce des productions naturelles, il faut que le produit du ſol excède la ſomme des beſoins; car on ne peut commercer que le ſuperflu. Mais la France ne peut faire qu'un commerce très-borné de ſes productions naturelles, il faut donc qu'elle y ſupplée par les productions de l'induſtrie; nous tirons de l'Etranger les matieres d'or & d'argent, partie des ſoïes & des laines néceſſaires à nos

Manufactures, le tabac, les métaux en général, & beaucoup de matieres premieres ou d'objets de seconde nécessité ; ce qui formerait annuellement un vuide énorme dans le numéraire, si nous ne balancions pas nos achats par la voïe de l'échange. Il faut donc pour cela recourir à l'industrie ; or, nos Modes, nos Étoffes, nos Bijoux, nos Ameublemens & nos Voitures, en sont les premiers objets. Mais pour encourager l'Etranger à les acheter de nous & à s'en servir, il faut lui montrer l'exemple en nous en servant nous-mêmes : à partir de-là, ce qu'on nomme luxe chez nous, devient affaire de politique & de nécessité.

On m'objectera peut être qu'en Angleterre, & sur-tout en Hollande, où il ne se fait presqu'aucun commerce de productions naturelles, le Luxe n'y supplée point, & qu'ainsi l'on pourrait sans danger le supprimer en France ; mais cette objection pèche par le principe. Il faut, en effet, considérer que l'Angleterre, & principalement la Hollande, sont un peuple de commerçans, & que, sans superflu comme sans besoins, ils tiennent dans leurs mains le sceptre du commerce ; qu'ils sont les Facteurs & les Commissionnaires des deux mondes entiers, & qu'ils font, par-là, un bénéfice bien plus considérable que s'ils faisaient un commerce, même étendu, de productions nationales.

On m'ajoutera peut-être que nous pourrions imiter leur exemple; mais je répondrai qu'on a plutôt fait un peuple d'Artisans habiles, que de Navigateurs & de Commerçans, & qu'il faut prendre les choses sur le pied qu'elles sont.

Or, cela posé, les courtes observations que j'ai faites sur le Luxe, servent à démontrer que, si le Luxe est un mal, (& c'est un problême) au moins c'est un mal nécessaire; que même, en suivant les principes politiques de notre constitution, c'est un mal indispensable, pour prévenir des maux bien plus réels & qui seraient sans remede.

CONCLUSION.

J'ignore si cette partie de mon Ouvrage sera du goût de tout le monde; mais je suppose que tous mes Concitoïens s'accordent à désirer le bien général; dans ce cas, en désapprouvant mon travail, s'il ne vaut rien, au moins rendra-t-on justice à la pureté de mes vues. Si tout le monde ne désire pas le bien, je dois m'attendre que mes idées me susciteront beaucoup d'ennemis ; mais j'en serai dédommagé par l'estime des Citoïens honnêtes, & je les regarde tous comme tels. D'ailleurs, la carriere du bien public est un champ vaste, chacun a le droit d'y courir; heureux celui qui pourra le premier arriver au but. J'ai voulu bien faire, je désire que quelqu'autre puisse faire mieux, & je lui dirai comme Horace :

. . . . Si quid novisti rectius istis,
Candidus imperti : si non, his utere mecum.

Fin de la premiere Partie.

www.ingramcontent.com/pod-product-compliance
Ingram Content Group UK Ltd.
Pitfield, Milton Keynes, MK11 3LW, UK
UKHW021546260726
13993UKWH00002B/667

9 782329 591735